私の馬研究ノートⅡ

Note of My Horse Research

白駒の隙

—はっくのげき—

馬事文化研究家
元ＪＲＡ調教師
小檜山 悟 著

第1章

第2章 引退……57

第3章

第4章

第5章

第1章

Note of My Horse Research

ラストイヤー

幻の写真集

写真にかける思い

写真集を出版することになった。2015年から始めた執筆活動の中で撮りだめた中から厳選した78枚をまとめたものだ。タイトルは「写真で見る　馬を巡る旅」。

執筆活動を始めた頃の各地の馬神事から始まって、草競馬や海外での取材、記事で取り上げた馬のいる風景など内容は多岐にわたる。

まとめてみると意外に国内の競走馬の写真が少ないことに気がついた。さすがに仕事の合間に自厩舎の馬の写真を撮るという発想はない。生産牧場で馬を見せてもらったときは、馬主さんに見せる関係でカメラに収めるが、業務上の証拠写真であって「作品」ではない。

競走馬は日常すぎてシャッターを切る対象になってこなかった。どこかで競走馬の写真はその道のプロたちに任せるべきで、そこから外れた自分が、手を出すべきではないという思いもある。

厩舎サークルに入る前は、専属カメラマンとして競馬系出版社に誘われるほどシャッターを切り、それなりの腕も身につけた。しかし、その世界からは結果的に離れ、「なか(中)の人」になってしまった。外から中を撮るのはいいが、中から中を撮るのはルール違反の気がする。

執筆は別だ。文章は素人の余技に過ぎないので中も外もない。書く内容も、外からではどうしてもわからない、あるいは関心がないようなことばかり。自分としては問題なしと判断している。

その意味で、カメラには自信があるものの、写真集となると少々気恥ずかしいところもある。まあ、以前出版したゴリラの写真集は別の話だが…。

実はこの写真集、馬フォトグラファー「小檜山悟」としては処女作ではない。半世紀も前、素人カメラマンの時代にすでに写真集を出していたのだ。

忘れていたあとがき

デビュー作のタイトルは「大地に駈ける」。大学4年の1976年に馬三昧だった学生生活の集大成として、仲間と作ったものだ。いわば卒論のつもりだった。

東京競馬場でアルバイトをして、撮った競走馬の写真を売り、北海道撮影旅行の資金を作った。4年間で10回以上行っている。競走馬のことばかりで、我ながらろくな学生ではなかったと思うが、撮りだめた多くの写真が残った。今考えてもよくやったと感心する。他人の話なら「バカじゃないの」と思うばかりだ。

奥付のクレジットを見るといかにとんでもないことをしていたのかと呆れてしまう。福島・今泉牧場、青森・タイヘイ牧場、新冠・八木牧場、メイタイ牧場、ヤマオカ牧場、静内・静内牧場、アロー牧場、カントリー牧場など当時の一流牧場の名前がずらりと並ぶ。お世話になったムツゴロウ動物王国の名前まである。

すっかり忘れていたが、あとがきには自分でこんなことを書いていた。

「大学に入学して以来なんとなく馬に魅せられて、なんとなく馬を撮っていたら写真がたまり、なんとなくこういう風な写真集が出来上がりました。プロが作ったものでないので変てこりんな作品ですが『馬が好きでしかたがない学生が作ったんだ』という事を感じ取っていただければ幸いに思います」

50年近くが経った今、こと写真集に関してはまったく成長していない自分に気づく。「大学入学」を「執筆開始」、「学生」を「調教師」と読み替えれば、そのまま今回の写真集のあとがきでも通用してしまう。

ただ外観は大きく異なる。当時も印刷所で刷ってもらったとはいえ、装丁や製本は手作り感が拭えない。販売するつもりもなかったので、当然だが。今回はお客さんにお金をいただくものなので、装丁から製本、

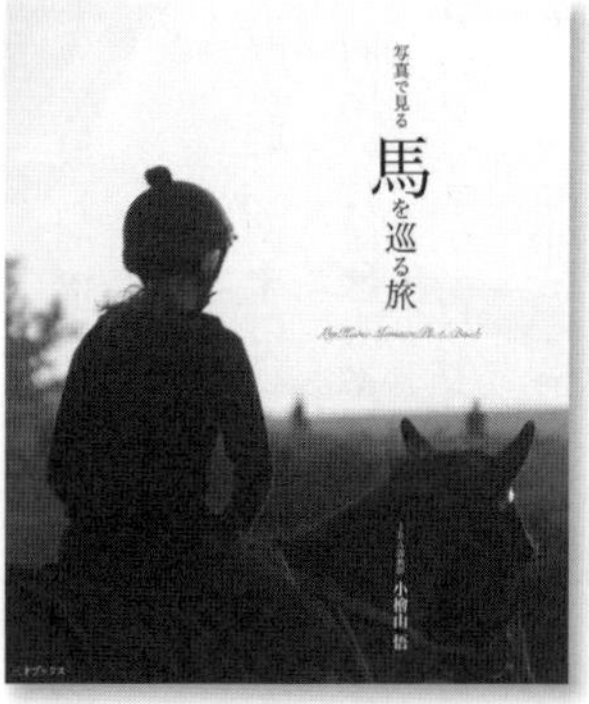

左が昔の「大地に駈ける」、
右が今回の「写真で見る　馬を巡る旅」。

紙質に至るまでぐっと豪華になっている。時の重みというか、お金の力というか…。

さて写真の中身はどうだろうか。今もつきあいのある昔の仲間しか実際にはその違いはわからないが、本人は腕をあげたつもりでいる。いずれにせよ、その評価は読者に委ねたい。

最高の追い切り

きれいな併入

調教助手時代あるいは開業当初、自らの騎乗で多くの馬に稽古をつけてきた。未勝利からオープンまで馬の背の感触は様々だが、自分の中で満足のいく追い切りはいくらもない。いわれたタイムで走ることができても、馬を仕上げるという観点から完璧に予定通りの走りを引き出すのは非常にむずかしい。

それでも自分にとって最高の追い切りといえる瞬間があった。30年近く前、畠山重則厩舎で調教助手をしていたときのことだ。

1995年10月最終週。週末に秋の天皇賞を控えたその日、畠山重厩舎のアイルトンシンボリの最終追い切りが行われた。同馬の背には本番でも騎乗する加藤和宏騎手。合わせた相手は同厩舎のリキサンフラッシュ（当時は900万クラス）。自分はその背にいた。

2頭で南馬場のBコースを走る。リキサンフラッシュが先行して、アイルトンシンボリが追いつく形を考えていた。

予定通りの位置でリキサンフラッシュを先行させる。

「その位置、その位置」

後ろから加藤騎手の声が飛ぶ。

「まだだよ、まだだよ」

さらに声がかかる。スピードを調整しながら、追い出しのタイミングを測る。

「今だ」

阿吽の呼吸で追い出すと、後方のアイルトンシンボリも加速。ゴール前ではきれいな併入となった。

騎乗技術という点では、どれほどうまい調教助手でも、一流ジョッキーにはかなわない。調教で彼らと合わせると、見た目にも劣るのがわかってしまう。

それでもその日の追い切りは誰に見られても恥ずかしくないものだった。今でも自分の記憶の中では完璧だったと思う。

天皇賞でアイルトンシンボリは、9番人気ながら、勝ったサクラチトセオーから0.1秒差、半馬身差の3着だった。大健闘といっていい。完璧な追い切りが成果にもつながり、満足のいく仕事ができたと自負している。

追い切りに関していえば、別の意味で忘れられないシーンがある。こちらはたまたま写真に撮られていたので証拠が残っている。

掲載された写真を見てほしい。

一番手前がシンボリカノープスに乗る岡部幸雄騎手、次がシンボリルドルフに乗る野平祐二調教師、その奥がホッカイペガサスに乗る柴田政人騎手、さらにその奥がロシアンブルーに乗る自分だ。正確な日時は不明だが、1985年ごろの写真だと思う。

馬はいずれもオープン馬だが、シンボリルドルフは別格。騎乗者にいたっては豪華3本立てプラスおまけが1という感じ。そこまで自分なりに騎乗技術を磨いてきたつもりだが、彼らと比べれば自分のへっぽこぶりが際立ってしまう。気恥ずかしい限りだが、考えてみれば当時の日本競馬界最高の乗り手3人なのだから、比べることにそもそも無理がある。

豪華な調教

それでも自分にとってはこの3人と併せ馬ができるなんて夢のような時間だった。

なんのコネもなく外の世界から入ってきた自分はどこまでいっても外様だ。美浦トレセンができて間もな

手前から岡部幸雄騎手、野平祐二調教師、柴田政人騎手、そして自分。豪華3本立てプラス1。

い頃で、たまたま人が足りなくて厩舎サークルに入れたに過ぎない。

今でも競馬ファンを自認しているし、なんなら厩舎サークルがどんなところなのかファンの世界から送り込まれた探偵ぐらいのつもりでいる。そんな自分がプロ中のプロと文字通り轡《くつわ》を並べているのだから、今考えてもすごいことだと思う。

調教師になって最初の頃は自厩舎の馬に自分も稽古をつけていたが、順調にスタッフが育ってきて、今は乗っていない。自厩舎に出入りする若い騎手たちからすれば、自分が乗り手としてオープン馬に稽古をつける姿など想像もできないかもしれない。

それでもアイルトンシンボリと併せたときの風

を切る感触は記憶に刻まれているし、シンボリルドルフたちの馬の息遣いは今でも忘れない。

今日も自厩舎の馬に若い調教助手や騎手たちが乗る。彼らが最高の追い切りの瞬間に立ち会えるよう、願ってやまない。

毛色の違う話

栃栗毛の馬

「先生のところの『ガンバレユウキ』くん、栃栗毛でしょ」

いわれて、何をバカなことを、と思った。

中央競馬馬主相互会の仕事をしている女性スタッフと話をしていたときのこと。同組織は競走馬事故見舞金の支給などの業務をしているところで度々お世話になる。彼女とは顔見知りになっていた。自身も乗馬が趣味で栃栗毛の馬が好きなのだ。そこで自厩舎の馬の毛色の話になり、冒頭の発言が出てきた。ところが…。

デビューを待つ2歳新馬ガンバレユウキは、誰がどう見たって黒鹿毛なのだ。

「そりゃ、書類の見間違いだよ」

あんまり主張するので、ムッとしていい返した。彼女は業務上の登録データしか見ていないので、現物の同馬は知らない。

「あれが栃栗毛だったら俺は調教師を辞める」

こちらも意地になって思わずいってしまった。

パソコンで検索してもらい、プリントしてもらった（掲載の写真）。思わず我が目を疑った。確かに「栃栗毛」とある。さらに驚いたことに特記事項には「黒鹿毛に見える」との記載が…。彼女の見間違いでもなければ、こちらの認識不足でもなかった。

おかげで調教師を辞めずにすんだだが、なぜこんなことが起きたのか？　どこかで誰かが単純に間違えただけだと推測される。特記事項があるので馬体識別上はなんとかなるかもしれないが、長いこと調教師をしているが、初めてのことだ。

現在、認められているサラブレッドの毛色は、栗毛・栃栗毛・鹿毛・黒鹿毛・青鹿毛・青毛・芦毛・白毛の8種類。鹿毛と黒鹿毛と青鹿毛は明確に区別できないところもあり、登録された毛色がその馬の毛色となる。種類によって優性と劣性の遺伝子の組み合わせがあり、例えば両親が栗毛なら栗毛の馬しか生まれないし、芦毛は親のどちらかが芦毛と決まっている。

個体識別の材料は毛色だけではないので、鹿毛と黒鹿毛を見間違ったところでさして問題にはならない

020MBC02　＊＊＊　履歴情報参照　＊＊＊　2023-05-26 08:55

馬名	ガンバレユウキ	栃栗毛	サラ	牡	2
父馬	アドミラブル	馬主	柴原榮		
母馬	ケージーメグミ	調教師	小桧山悟		21106955

[旧情報]　[旧調教師]
[生年月日]　21. 5.14　[産　地] 新冠町
[馬主住所]　[redacted]
[旧馬主]
[特徴]　珠目正・吭搦・左髪中・左沙流上・右後小白・

[競走馬登録番号] 202300718　[マイクロチップ番号] 3921180-10132837
[預託日]　23. 2.25 [初出走]　[最新走]
[新入厩日] 23. 2.25 [出走制限]
[入金日]　23. 3. 1　[特記事項] 黒鹿毛にみえる・
[登録日]　23. 3. 9
[抹消日]　[出走回数]　0回
[在籍]　2ヶ月 [在厩]　32日 [出走回数(除TO)]　0回
[該当する競走条件]　2歳　該当なし
見舞金該当病名　発症月日　転帰　場　R／T 変更・返還月日 返還月

ガンバレユウキの履歴情報。馬名横の毛色と下の特記事項に注目。

が、栗毛と黒鹿毛は見れば誰でも違いがわかる。

ガンバレユウキは父がアドミラブルで鹿毛、母がケージーメグミで黒鹿毛。この組み合わせだと確かに栗毛の子が出る可能性もあるのだが…。

同馬は2023年6月4日3回東京2日目第6レースの新馬戦でデビュー。登録された毛色と見た目が違うので、パドックで「あれ?」と思われた人もいたかもしれない。

個体識別

競走馬の個体識別には、現在マイクロチップが使われている。2007年からは生まれた仔馬全頭に、マイクロチップが埋めこまれている。軽種

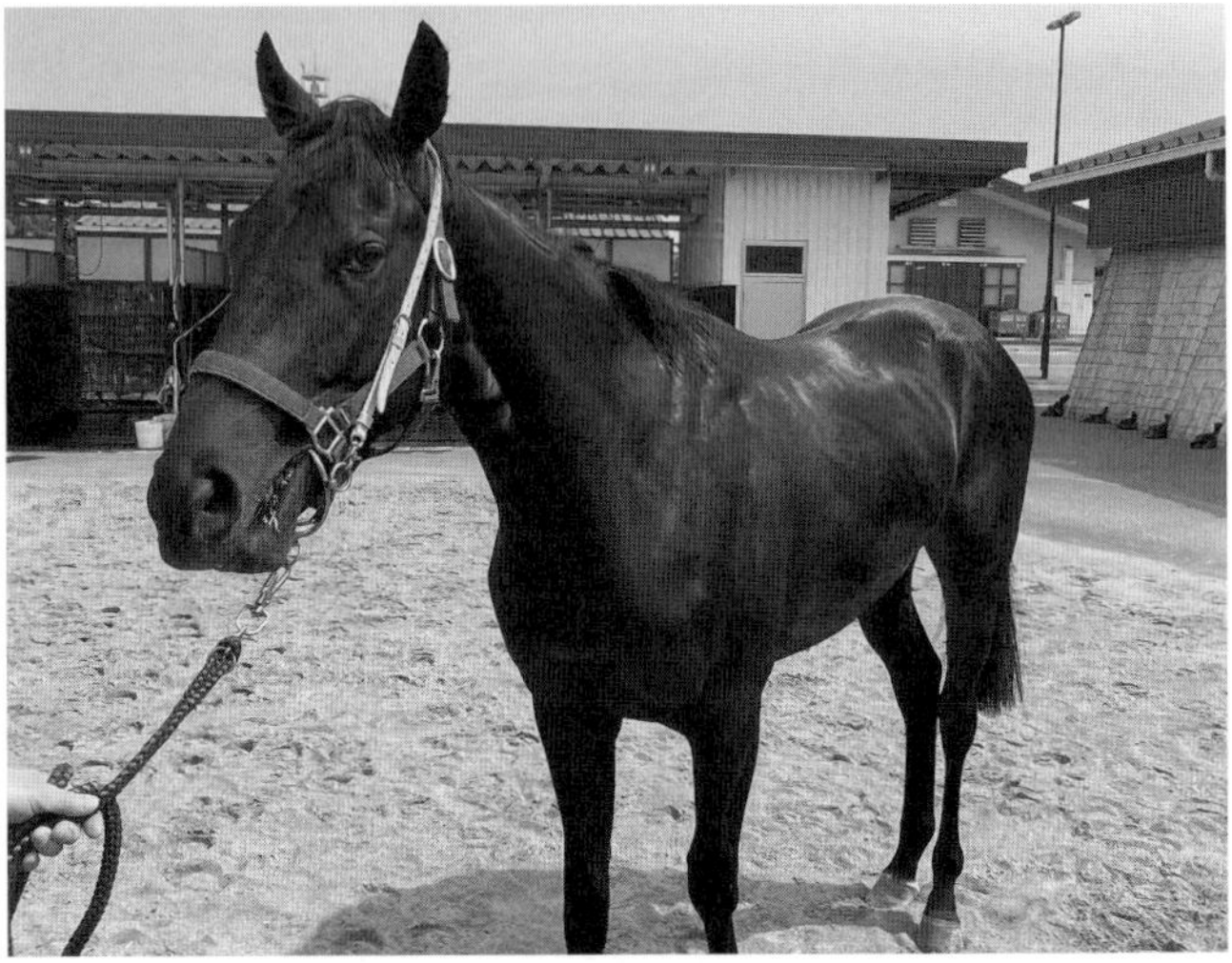

栃栗毛で登録されてしまったガンバレユウキ。実は黒鹿毛。

馬登録をする際の義務となっている。マイクロチップは太さ2ミリ、長さ14・6ミリの筒で、中にはアンテナ部とチップ本体が入っており、リーダーをかざすと微弱な電波を返す。その電波の中に個体番号のデータが入っている。番号は15桁で最初の3桁が国番号（日本は３９２）、次の2桁が動物種（馬は11）、次の2桁が代理店番号（80）でここまでは決まっている。３９２１１８０までは日本の馬なら全馬共通でそこから後の8桁が個体番号となる。これで地方競馬であれ、世界中のどの競馬場であれ、個体識別には事欠かない。ただし１００％ではない。チップの位置（たいていは首筋からうなじにかけてのどこか）がなぜかズレて読み取れなかったり、そもそも作動しなかったりということもある。そんなときは従来と同じく毛色や白斑、旋毛などで識別する。

マイクロチップ導入以前は装鞍所でＪＲＡの熟練のスタッフが馬体を検査し、登録データと照合していた。人為的な検査なので間違いも起きそうだが、めったに「替え玉受験」のようなことは起きない。それだけ厳しかった。今は、リーダーを首筋にかざし、読み取った番号で照合するだけなので瞬時に終わり、間違いの可能性は少ない。

それでも毛色が競走馬の識別に用いられる第一の特徴であることには変わりがない。基本中の基本データだが、それでもヒューマンエラーはある。小桧山厩舎で起きたガンバレユウキの毛色の件はその例だが、あまりに珍しいことなので書かせてもらった次第だ。

さらばトーラスジェミニ

最後のレース

2023年7月9日福島の七夕賞。7番トーラスジェミニは、向正面まで先頭から5番手と頑張っていたものの、その後はずるずると後退。結局勝ち馬から3秒以上離され、16着に終わった。自分としては結果どうこうではなく、「ともかく無事で」の思いだけだったので、レースが終わってホッとした。

2018年7月の福島・芝1800メートルでデビューして、4戦目に勝ち上がり、8戦目に出世レースといわれる500万百日草特別を勝ったところで、クラシックに出られるのではないかと期待した。その後、一頓挫あってクラシックは棒に振った。4歳になって2勝クラス、3勝クラスと順調に力をつけ、オープンに。逃げ馬の宿命で、それまで交わされるともろい面を見せていたが、粘れるようにもなってきた。

2020年のエプソムカップで最低人気ながら3着に入り、その後重賞に匹敵するといわれる巴賞に勝った。3強対決でわいた2020年のジャパンカップにも出走し、三冠馬や史上最強牝馬とも走った。

2021年5歳の春、G1安田記念で見せ場たっぷりの5着に入り、満を持して臨んだ七夕賞で重賞ウイナーとなった。そこからは茨の道だったが、3年連続で七夕賞に出走できたのはよかった。通算成績43戦8勝。獲得賞金1億9751万円。自厩舎ではイルバチオの1億4732万を抜き、スマイルジャックの3億6890万に次ぐ。自厩舎から3頭しか出なかった「1億円馬」となり、厩舎の掉尾を飾ってくれた。

今は感謝しかない。引退直前にこういう馬が出たことに幸せを感じる。馬主・柴原榮氏、生産・川上牧場、と深い関わりのある人たちとのタッグで成績が残せたこともうれしい。

引退後の行く先も福島競馬場の誘導馬になることで話が決まった。初重賞は七夕賞。福島には縁がある。レースっぷりもここで走るときが一番安定していた。「水が合う」のだろう。

乗馬になるということでまずは去勢。睾丸が片方しか降りていなくて、手術にひと悶着あったが、無事終わった。その後はJRA馬事公苑宇都宮営業所でリトレーニングを受けているはずだ。誘導馬デビューの日を待ちたい。

人気の要因

引退が知られると、厩舎宛にファンから多くの手紙をいただいた。あらためて感謝申し上げる。正直、こんなにトーラスを応援してくれる熱心なファンがいたことに驚いた。

いくつか要因がありそうだ。

競馬ファンに人気がある脚質といえば、逃げと追い込み。特に逃げ馬は人気がある。最近だとパンサラッサ、古くはサイレンススズカやツインターボなどだ。ハラハラドキドキがファンには魅力かもしれないが、こちらとしては「テンよし、中よし、しまいよし」の先行抜け出しが、安心して見ていられるので一番ありがたいのだが…。

2歳から7歳まで43戦と長く走ってきたのも一因だろう。重賞は1勝ながらリステッド競走などで勝利をあげた。マンハッタンカフェの肌にキングズベストと血統も渋く、若馬のときから派手な戦績をあげたわけではない。しぶとくしぶとく走りながら実力をつけ、6歳になって初重賞と人間なら苦労人のキャリアだろう。磨きに磨いてようやく芳醇な味わいになったという意味でトーラスを「吟醸馬」と表現したこともある。

長く競馬をやってきたファンは競馬に人生を重ねるということがままある。ハイセイコーやオグリキャッ

2023年4月G3ダービー卿CTに出走したときのトーラスジェミニ。

プなど地方の馬が中央のエリートをやっつける構図は人々の共感を呼んだ。これらの優駿には比ぶべくもないが、トーラスにも似たような感情を抱いた人がいるかもしれない。

調教師生活の最後にこういう馬がもてたことは幸運の極みだ。無事に引退の日をむかえ、あらためてひと仕事終えたような実感がある。

身にしみるファンのありがたさ

驚きの写真集

「う〜ん、これはすごい！」

思わず唸るような贈り物というのはそうそうないが、それを見たときは驚嘆した。ファンから送られてきたトーラスジェミニの写真集だった。

２０２２年２月６日の東京新聞杯に始まって、引退となった２０２３年７月９日の七夕賞まで、高知、新潟を除く、全レースでのパドックやターフでの様子が取り上げられている。どの写真もすばらしい。多くのショットから厳選したのだろう。そもそも撮り慣れた感じがする。

造りもしっかりしている。表紙はハードカバー。中も発色のいい厚紙が使われている。バーコードが入っているところを見ると、私家版写真集として複数、印刷されたのだろう。

ページの余白には直筆でレースの感想が書いてある。ファンの肉声そのものだから読んでいてこちらも胸にグッとくるものがある。

作者のYさんとはすでに手紙でのやり取りがあった。ファンからの手紙にはできるだけ目を通し、「これは…」と思うものには返信している。特に直筆で書かれた手紙は印象に残る。自分も手紙は直筆にしている。個人的には活字はビジネスで使うもので、私信にはふさわしくないと思っている。気持ちが伝わらない気がするからだ。

トーラスジェミニが活躍してくれるようになって、ファンからの手紙などをいただく機会が多くなった。オープン馬がなかなか出ない自厩舎としては、スマイルジャック以来だ。

大レースを勝つ一流馬でも、話題になる人気馬でもなかったが、7歳までコツコツ走り、オープンに上がり、重賞もとった。そんなところに魅かれたファンは少なくなかったようだ。

自分としても最晩年にこういう馬に巡り会って、多くの人に応援してもらえた。そのことで改めてファンのありがたさが身にしみた。2024年3月には引退だが、「冥土の土産」ではないが、いい贈り物をもらえたと思う。

Yさんからいただいたトーラスジェミニの写真集。

もう一つの「ファン」

週刊ギャロップの連載は、調教師として生の現場を伝えるべく競馬ファン向けに書いているつもりだが、厩舎サークルや競馬マスコミの人たちに意外に読まれている。彼らを「ファン」と呼んでいいかどうか微妙なところだが、「見ましたよ」「あれはおもしろかったです」とよくいわれる。先日も関西に行ったとき、面識のなかった某若手調教師から「いつも読んでます」と声をかけられ、気恥ずかしいながらうれしかった。

人に余計な迷惑がかからないよう、内容は吟味しているつもりだ。したがって書けないところもある。関係者はそんな裏事情も知っているので、余計興味深いのかもしれない。

執筆にあたって特に注意していることがある。「人の批判はしない」ということ。思うことは正直に書くが、良いことだけを取り上げることにしている。

自分は素人の雑文書きであり、プロではない。表現力に自信があるわけではないので、間違った言い方をして人を傷つけることは避けたい。対面での言葉なら冗談にしかならないことも活字にすると違う印象になることもある。良いことだけを書いている分には、その点は問題ない。

かれこれ執筆活動も10年近くになるが、ありがたいことに個人から叱責を受けるような事態に陥ったことはない。いくら「良いことだけ」といっても書かれた本人は文句の一つもいいたくなるようなこともあるかもしれない。

それをいわれない一つの理由は、当事者たちに直接会っているからだろう。会ったこともない人の話は、故人を除いて、ほとんど書いたことはない。最低限、直接連絡はとっている。見知った人の批判は、面と向かってはしにくいものだ。

ただ逆に素直に思ったことだけを書いているので、自分の中でも内容に物足りなさを感じることもある。もう少し分析力や表現力があれば、同じテーマでももっと伝えられることがあったんじゃないかとはいつも思う。

帰ってきた馬

隔世の感

２０２３年11月３・４日にアメリカで開催されたブリーダーズカップに日本から大挙９頭が参戦した。原稿を書いている時点で結果はわからないが、９頭参戦は往年を考えれば感慨深い。海外競馬については凱旋門賞制覇が日本の悲願みたいなことをよくいわれる。確かにそれはそうだが、ハンディのきつい凱旋門賞より、ブリーダーズカップの方が価値が高いのではないか、と個人的には思っている。

いずれにせよ、１９５８年のハクチカラに始まる日本馬の海外遠征は、１９８０年代ごろまでは惨敗の歴史でもあった。自分もシリウスシンボリが参戦した１９８７年の凱旋門賞を現地で見ている。同馬は勝ったダンシングブレーヴから10馬身以上離された14着。彼我の差に呆然とするしかなかった。

潮目が変わったのは１９９０年代後半、シーキングザパールやタイキシャトルが欧州Ｇ１を勝ち、エルコンドルパサーが凱旋門賞を2着するなどした頃だろうか。以後は、日本馬の中でも勝ち負けできるような馬が出現し、いまや海外遠征は重賞馬のレースの選択肢として定着している。

１９８０年代までの海外遠征と今の違いの一つは、所属厩舎だ。かつてはどんなに強い馬でも一旦現地の厩舎に転籍する必要があった。厳密な意味では日本産馬であっても日本馬ではなかったのである。今は日本の厩舎所属馬のまま、当該調教師が連れて行くことになっている。

転籍がどういう基準で認められたのかはＪＲＡの国際部にでも聞くしかないと思うが、当時の関係者はおそらくいないだろう。しかし制度をうまく使って日本と海外を行き来した馬の例は知っている。自分も関わったことがあるからだ。

馬の名をジャムシードという。１９８９年生まれの栃栗毛の牡馬。父はシンボリルドルフ、母はスイートジェーン、母父シルバーシャーク。生産はシンボリ牧場で、オーナーも同牧場。つまり当時の大馬主・和田共弘氏の馬だった。

和田氏は日本の馬を強くしたいという思いが強く、海外に挑戦し続けていた。そんな中でジャムシードをそれまでと違う形で海外に参戦させたのである。

競走馬の登録は1歳（当時の表記では2歳）の秋に行われる。ジャムシードは自分が所属していた畠山重則厩舎で登録された。しかし、厩舎の馬房に入ることはなかった。フランスの厩舎に転籍し、彼の地でデビュー

ジャムシードの日本での初勝利。札幌競馬場にて。左から二人目が自分。

を迎えたのである。

稀有なケース

１９９１年11月にフランスの未勝利戦でデビュー。その後勝ち上がり、翌年には準重賞「ラ・ミュニシバリテ賞」を勝つなど活躍した。シンボリルドルフ産駒が欧州の競馬でも結果を残したのである。ところが１９９３年春、再び転籍して日本に帰ってきた。事情はよくわからない。

今の感覚でいえば、ありえない。まるで地方から中央へ移籍するように、欧州でデビューした馬が日本に移籍したわけだから。違和感しかない。

自分としては悲しいかな、戻ってきたときの厩舎は畠山重厩舎ではなく武邦彦厩舎だった。畠山重厩舎からすれば、登録時に名前だけ使われたようなかっこうだ。

シンボリ牧場とは縁は深かった。畠山重則調教師の弟・和明氏はシンボリ牧場の場長だったのである。いわば身内だったので、「奇手」も使えたのではないか。当時自分は厩舎スタッフの一員だったとはいえ、その辺りのことは詳しくはわからない。

戻ってきたジャムシードはいきなり春の天皇賞に挑戦(11着)。その後2戦したのち、夏は札幌へ遠征した。その初戦、500万下戦を武豊騎手で勝っている。

自分もそのとき札幌にいて、もともと畠山重厩舎に所属していた馬という縁で調教を手伝っていた。そんなわけで勝ったときの口取りにも入った。そのときの写真がここに掲載したものだ。

その後はオープンと1500万を行ったり来たりしながら6歳まで走り、29戦7勝(うちフランスで4勝)の成績を残した。重賞での最高着順は1994年のG3ダイヤモンドステークス2着だった。

遠征を含めた海外との交流が曖昧模糊としていた時代の話だ。和田氏は制度の間隙をうまくついて、日本に戻れる道を確保しながら所有馬を海外デビューさせた。ジャムシードのようなケースは他にないのではないか？　稀有なケースになぜか自分が関わっていたことも、今となっては不思議な気がする。

悲願の1勝

記録更新

2023年12月10日5回中山4日目第12レース。自厩舎のブランデーロックは最後方から徐々に進出し、4コーナーを回って直線を向くと前を行く各馬をごぼう抜き。鮮やかに突き抜けた。こんなにうまくはまった追い込みも久しぶりだった。鞍上にはレジェンドジョッキーの柴田善臣騎手。同騎手はメインのG3カペラステークスで1番人気に騎乗したものの4着。最年長重賞勝利記録を逃すも、次のこのレースで最年長勝利記録を57歳4ヶ月11日 に更新した。

実は自分にとってもこの勝利は「悲願の1勝」だった。

2024年3月に引退を控え、自分にとって今後、どれが最後の1勝になるかわからない。その意味でも重要な勝利だが、「悲願」というのはまた別の話だった。

ブランデーロックは自分にとって「シニア限定馬」で、尊敬するレジェンドジョッキーたちに乗ってもらいたいと思っている馬だった。比較的性格がよく、悪さをしないので、彼らを傷つける可能性が少ない。レースぶりも後ろから追い込むスタイルなので、その点でも安心だ。

自厩舎の若手騎手を除けば、田中勝春、武豊、柴田善臣、横山典弘と、数々のベテランに乗ってもらっていた。特に「宗教武豊」を自認する自分にとって同騎手で1勝して、「シニア限定馬」にしてかつ「献上馬」にしたいという気持ちでいた。結果として、ここまでこのコンビでの勝利はならなかった。

今回の勝利でブランデーロックは3勝クラスに上がる。ここまで来ると、そうそうは勝てないが、引退まで残り少ない自分としては、少しでも意味ある記録に貢献したい。ブランデーロックに限らず、レジェンドに乗ってもらえるような馬を、といつも思っている。

50歳を超えるレジェンドジョッキーたちのことを、武騎手は携帯にひっかけて自虐的に「5G（ファイブジー）」といっていたが、熊沢騎手が欠け、ますます貴重な存在となってきた。磨きに磨かれた珠玉の技が見られる日々もそう長くはない。

同時代を生きる

柴田善騎手のことでいえば、ＪＲＡでの同期生みたいな感覚もある。自分が畠山重則厩舎の調教助手としてＪＲＡに入ったのが１９８１年。翌年に競馬学校が開校され、その第１期生が柴田善騎手。ほぼ同じ時期に競馬界で働き出した。

１９８５年にデビューした柴田善騎手は柴田政人騎手の甥っ子ということもあって注目されていた。その年12勝で当時の新人賞を獲る。１９９３年にはヤマニンゼファーで安田記念、天皇賞・秋を制し、翌１９９４年から６年連続で優秀騎手賞を受賞するなど、関東を代表する騎手となった。２００５年からは、５年間、日本騎手クラブ会長も務めている。２０１８年に木幡初広騎手が引退すると現役最年長騎手となった。２０２２年には56歳３ヶ月で勝利し、ＪＲＡ騎手史上最年長勝利記録を達成。以後、１勝をあげるたびに同記録を更新し続けている。

自分にとって思い出すのは２００７年夏、新潟でスマイルジャックの新馬戦に勝利してくれたことだ。レース後「この馬、走るよ」といってくれたことが、その後にもつながっている。

競馬学校の2期生には横山典騎手、３期生に武騎手と蛯名騎手、５期生に田中勝騎手がいる。彼らはデビューしてから間もない期間でキラ星のごとく競馬界の高みへと駆けのぼった。そのレジェンドたちも、蛯名騎手が2021年に引退して調教師に転身。そして2023年、田中勝騎手が調教師試験に合格し、2024年は引退のはこびとなる。自分も2024年引退。彼らと同時代に仕事できたことには、ある種の感慨を抱かずにはいられない。

2年越しの優先出走

ヤングジョッキーシリーズ

小桧山厩舎には優先出走「券」がある。諸般の事情で、次回は自厩舎の馬に乗ってもらいたいと思う騎手には、心の中でこの券を渡す。渡された騎手がこの券を使うと、第一優先で小桧山厩舎の馬に騎乗できる。ただ、大変貴重な券なので乱発はしない。

2023年12月16日5回中山5日目、久しぶりに優先出走券が発動された。高知競馬所属の岡遼太郎騎手に、この日の第3レース2歳未勝利戦のセイウンマカロンに騎乗してもらった。事情はこうだ。

2年前の2021年12月27日。この日、大井競馬場でYJS(ヤングジョッキーシリーズ)ファイナルラウンドの第2戦が行われた。ダート1200メートルに中央・地方から選ばれた若手騎手が参戦。3コーナーを曲がったところで、自厩舎の原優介騎手の騎乗が原因で3人が落馬負傷した。乗り慣れていない大井競馬場でのこととはいえ、言い訳できる事故ではなかった。師匠としてすぐ対処に動いた。落馬した若手騎手の所属する厩舎に連絡を入れ、各調教師の先生にお詫びした。

幸い、どの先生も

「競馬だからしょうがない」

といってくれた。

「中央に来たときはうちの馬に乗ってもらえるよう手配しますから」

せめてもの償いとして約束させてもらった。心の中で優先出走券を渡した。

岡遼太郎騎手は落馬負傷した3人のうちの1人だったのだ。

その後、高知競馬に参戦した時に、岡騎手と師匠の中西達也調教師には直接会ってあらためて謝罪した。

2023年のヤングジョッキーシリーズ。岡騎手は西日本地区から選出され、この日、中山で行われたYJSに参戦することになった。2年前は大井の事故で中山では乗れなかった。初の中央参戦となる。

師匠の中西師からメールをもらった。

「うちの岡は初めての中山になるので、ぜひ声をかけてやってください。本人の励みにもなりますから」

弟子のために気配りする師匠の気持ちに心が動かされ、自分の中のスイッチが入った。

「乗せてやってくれ」などと一言も書いていなかったが、

「ここは優先出走券を使ってもらおう」

と思った。2年前のお詫びもある。平場のレースにエクストラ騎乗で乗ってもらうことにした。

「券」から「権」へ

地方の若手騎手の騎乗となると馬主さんにもきちんと理由を話す必要がある。幸い、セイウンマカロンの西山茂行オーナーも事情を汲んで快く了解してくれた。

結果的にセイウンマカロンは8番人気ながら5着に入り、次戦への優先出走権を確保。岡騎手も初めての中央平場のレースで健闘してくれた。こちらも2年越しで義理が果たせ、なんとか丸く収まった。

中山でのＹＪＳファイナルラウンドの2戦では11着、9着と残念な結果だったが、この日、平場のエクストラ騎乗は岡騎手だけだった。5着でも本人にとっては自信につながるだろう。

競馬は、誰かが見てて、誰かが応援してくれるものだ。若手騎手でも、しっかり乗ってくればたとえビリでも見ている人は見ている。次への可能性が開ける。そこは中央も地方もない。岡騎手は中山ではＹＪＳのポイントはつかめなかったが、それ以上のものをつかんだはずだ。この結果をモチベーションにして、また

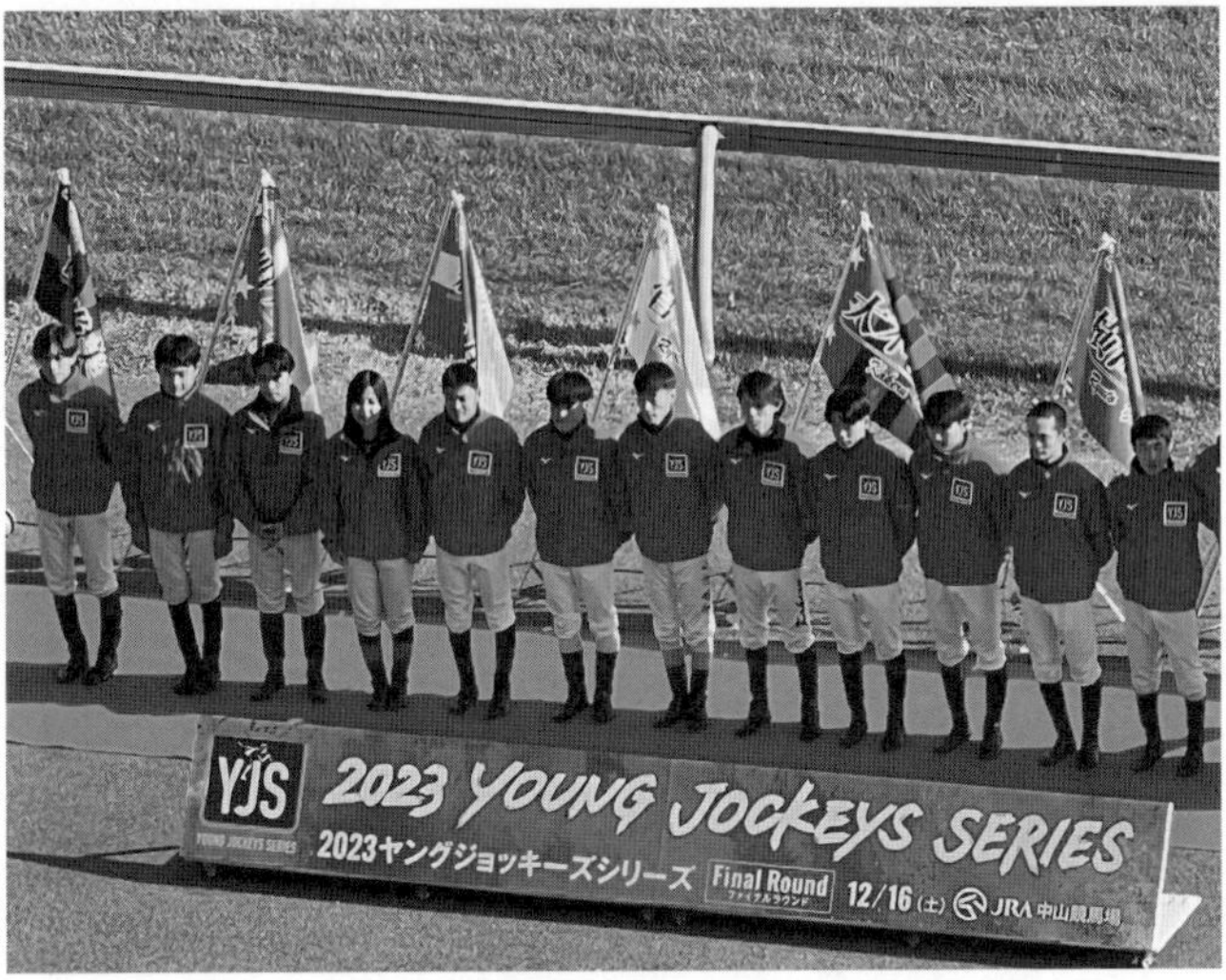

2023年ヤングジョッキーシリーズ出場者の集合写真。

地元でも頑張って欲しい。

騎手は業界の宝だ。調教師は努力すればなれるが、騎手は才能だけでなく、それ以上の何かをもっていなければなれない。本人の不断の努力はもちろんだが、周囲は才能を開花させる機会をできるだけ与えなければならない。中央であれ、地方であれ、そこは同じだと思う

岡騎手に関しては、2年前のことがあるだけに自分もホッとした。小桧山厩舎の優先出走券には2024年3月と使用期限がある。引退だからだ。もし、まだ券をもっている騎手がいるなら早く使ってほしい。

「武豊で勝つ」ということ

初勝利

２０２４年1月28日1回東京2日目第7レースダート１６００メートル４歳以上1勝クラス。自厩舎のチャールストンは、スタート良く、先頭2番手につけてレースを進める。直後、３番手に武豊騎手が乗った鈴木慎太郎厩舎のレディアス。前を行く2頭の動向を見ながらレースを動かせる絶好の位置。「大名マーク」というやつだ。案の定、直線に入ると前を交わしにかかる。チャールストンに乗る原騎手も盛んに手を動かして抵抗を試みる。武騎手の手はピクリともせず、馬なりで悠々と追い抜いていき、あとは独走状態。後続の追撃も振り切り、1着でゴールイン。チャールストンは結果的に9着。負けたことよりも、武騎手の見事な騎乗ぶりが印象に残った。いつもながらの展開を読みきった完璧なレース運びに「さすが」の一言しかない。勝ったレディアスは6番人気。武騎手が乗っての6番人気は低評価といわざるをえない。それをくつがえし、腕を見せつけたレースとなった。

勝った鈴木慎師が興奮気味に語る。

「小檜山さんがいつもいっているように『武豊騎手で勝つこと』って本当にすごいことなんですね。勝った瞬間、全身が震えました」

鈴木慎太郎師は2022年に引退した堀井雅広氏の厩舎にいた。堀井氏とはずっと親しくしてもらっていたので、鈴木慎師のことはよく知っていた。同師の開業は2021年。武騎手に初めて乗ってもらったレースだった。

レジェンドジョッキーへの騎乗依頼はずいぶん悩んだそうだ。馬主さんからも「なんとか乗ってもらえないだろうか」と懇願され、おそるおそる同騎手のエージェントに連絡したという。

騎乗OKの知らせをもらい、厩舎スタッフに告げたところ、全員が「うわ〜っ」と歓声をあげ、興奮に包まれた。厩舎に花が咲いたようだったという。

騎乗依頼OKだけでその騒ぎ。勝利で興奮は最高潮に達した。馬主さんはもとより関係者がたくさんやってきて口取りに参加した。

「『武豊』という唯一無二の存在を心の底から感じた勝利でした」

後日、鈴木慎師はあらためて語っていた。

「武豊教」を自認する当方としては、こんなにうれしい言葉はない。自分の武騎手に対する熱い想いを共有できる調教師がついに現れた。僭越ながら、鈴木慎師に対する評価もぐっと上がった。

これが多数の有力馬・期待馬を擁する厩舎での勝利ならここまで盛り上がることはないだろう。いわば日常の風景だからだ。乗ってもらう機会の少ない厩舎での勝利はよけい価値がある。

勝った馬が強い

当たり前のことだが、武騎手に乗ってもらうということは、勝つ可能性が高い馬に騎乗してもらうということだ。自分は「なまじの馬を頼むのは失礼にあたる」という感覚でいる。宗教なのでそれは教祖様を貶める不遜な行為といえる。それゆえに武騎手に頼む、限りなく勝つ可能性が高い馬を「献上馬」と呼んでいる。

正直、パドックで鈴木慎厩舎のレディアスが6番人気なのを見て、「おいおい、いいのかよ」と内心思った。喉まで出かかったが、結果が出てからいった方が、とも思い直し、言葉を飲みこんだ。

余計なことをいわなくて本当に良かった。強い馬が勝つのではなく、勝った馬が強いのが競馬だ。結果的に勝てばそれは献上馬。鈴木慎師は見事に責任を果たした。

実はレース後に武騎手とも言葉を交わした。いつになく上機嫌という印象だった。馬の力を完璧に引き出し、自分の腕で最高の結果をもたらしたことに満足しているようだった。

30年近く前、自分が調教師になった理由のひとつは、武騎手に乗ってもらえる馬を作ることだった。結果的にはなかなかうまくいかず、同騎手の通算勝利数への貢献度は屁のようなものだが、0ではない。

レジェンドへのリスペクトをもち、勝利数に貢献する鈴木慎師のような調教師がこれからも出てくることを願ってやまない。

破顔一笑、究極の一枚

これぞ棚ぼた

引退を前に膨大な書籍や写真の整理も進めている。自分でもすっかり忘れていた1冊、1枚を見つけ、ひとり悦に入ることもある。

2013年3月2日の小倉競馬場。二本柳壮騎手を鞍上に7レースに勝利したイエスマイダーリンの口取り写真はそんな1枚だった。ウイナーズサークルで、我ながら満面の笑顔で写っている。破顔一笑とはこのことをいうのか。通算292勝（地方を含む）の勝ち星の中でも、こと笑顔ということではこれが究極の一枚だろう。

笑顔の理由は、使う予定のなかったレースだったこと、13番人気での勝利だったことなど、まさに棚ぼただったからだ。

イエスマイダーリンは前々週の小倉でも使った。結果は8着。翌週の火曜日に現地をたち、美浦に戻ってきたのが水曜日。入らないだろうなと思いつつ、一応出馬投票してみると、まさかの出走可。木曜日に再び小倉へ向かった。金曜日に到着して土曜日に競馬。そして勝ってしまった。これを棚ぼたといわずしてなんといおう。

人気もそうだ。ファンが作るものだから致し方ないが、気持ちの中では「10番人気で勝つ」を信条にしている。競馬は何が起こるかわからない。

とりあえずレースに出られれば、勝つ可能性は0ではないのだ。低人気でも出走させる以上、どの厩舎も勝つ可能性にかけている。全員が虎視眈々と勝利を、あるいはなるべく上位それも賞金の出る9着内を狙っている。そういう馬が揃えばレースはおもしろくなる。

低人気馬で勝つとこちらとしても気分がいい。小桧山厩舎の馬は基本人気がないので勝てばうれしさ倍増だ。逆にたまの1番人気は嫌な感じしかしない。まして勝てないと気分が悪いことこの上ない。

写真の中には手綱を取る渡辺調教助手の姿もあった。小桧山厩舎の卒業アルバム（74ページ参照）に彼の姿は写っていない。製作期間中、病気療養中で厩舎を離れていたからだ。ここに掲載した過ぎし日の一枚を代わりとしておきたい。

悪しき伝統

このときの勝利は当然ながら単勝万馬券。少数ながら喜んだファンもいただろう。古い話なので思い出せないこともある。勝利の後、小説家で同馬の馬主・浅田次郎氏にどう報告したか記憶にない。

写真を見てもらえばわかるように、このとき浅田氏は来ていなかった。前週8着、連闘で13番人気の馬では、勝ちを期待して小倉まで足を運ぶのはなかなか難しい。

氏は馬券も好きで、馬主になったのもそれが理由だ。氏の馬が勝つと、電話でしばしばこんな会話になった。

「浅田先生、ご報告があります」

「え、どうしたんですか。私の馬に故障でもあったんですか?」

「すいません、勝ってしまいました…」

「……」

「何もなくて良かった」という安堵と、おそらく買っていなかった馬券への悔恨が沈黙の中にないまぜになっていたことだろう。

2013年3月2日小倉競馬場で勝利したイエスマイダーリン。ウイナーズサークルではみんな笑顔。

馬券好きの馬主さんにとって、自分の馬が勝ったときに馬券をもっていないことぐらい悔しいことはない。とはいえ、いくら自分の馬でもあまりに低人気だと馬券は買いづらいようだ。

小倉でのイエスマイダーリンの勝利をどう浅田氏に伝えたか思い出せないが、写真ぐらい渡したかもしれない。

自分が写っていない口取り写真に調教師だけがこれ以上ない笑顔で出ているのだから、複雑な思いがしたことだろう。

2023年12月のG1チャンピオンズカップで12番人気の低評価を覆して2着した小手川厩舎のウィルソンテソーロは翌年2月のフェブラリーステークスでは2番人気ながら8着に沈んだ。

低人気馬で好成績を上げ、人気馬で勝利を逃す。

「こんな悪しき伝統まで受け継がなくていいのに」

弟子となる小手川師の結果に苦笑せずにはいられなかった。

第2章

Note of My Horse Research

引退

引退後の肩書き

馬からの恩は馬のことで

「『さがら草競馬ＰＲ大使』として…（中略）…牧之原市のまちづくりを応援してください」

静岡県牧之原市から正式に任命書が来た（事情については２１４ページ参照）。

肩書きは、当初「顧問」となっていたが、結局「ＰＲ大使」に落ち着いた。正直、顧問だと「ちょっとどうかな？」とは思った。地元の人間でもないし、責任が重そうな印象を受ける。ＰＲ大使ぐらいがちょうどいい。自分の名前で取材してメディアに発表し、イベントを盛り上げる。それぐらいなら十分貢献できるはずだ。

いろいろなところに顔を出しているので、似たような活動を頼まれることも多い。今までは調教師をやりながらという形になってしまうので、気軽に引き受けるわけにもいかなかった。しかし引退となれば、時間はたっぷりある。「ＰＲ大使」レベルであれば、まったく問題ない。

同じような話は岩手県滝沢市の「チャグチャグ馬コ」でも出てきた。このときも顧問といわれたが、「『ホー

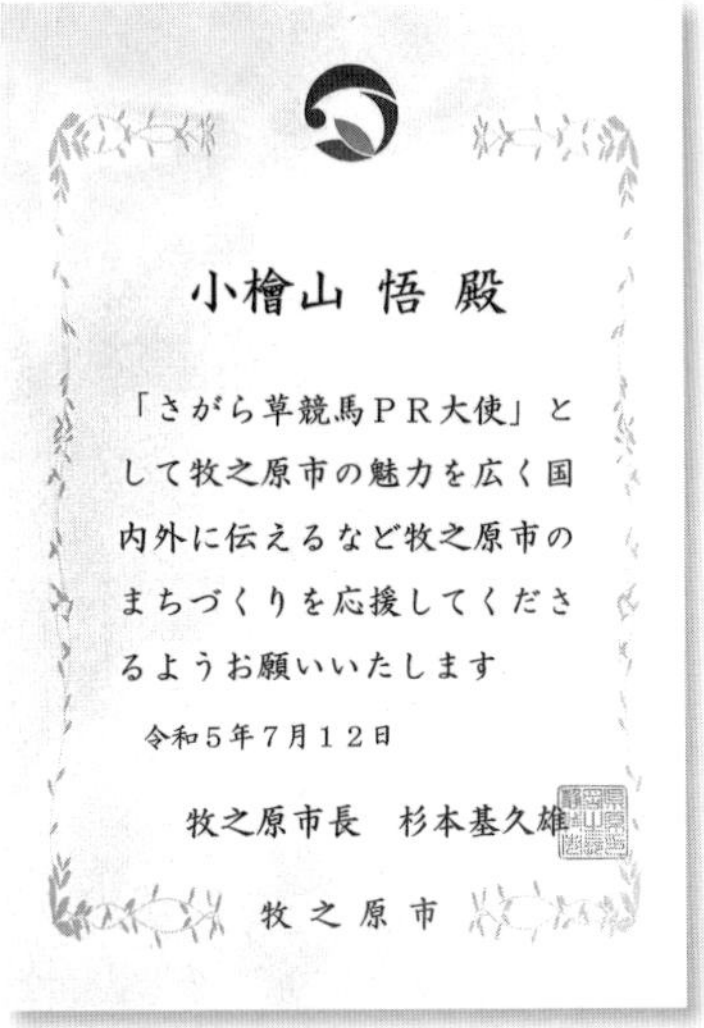
小檜山 悟 殿
「さがら草競馬ＰＲ大使」として牧之原市の魅力を広く国内外に伝えるなど牧之原市のまちづくりを応援してくださるようお願いいたします
令和５年７月１２日
牧之原市長　杉本基久雄
牧之原市

静岡県牧之原市長よりいただいたPR大使の任命書。

スアドバイザー』とか、そんな感じで」といってある。

引退後の肩書きとして、「元ＪＲＡ調教師」では格好がつかないので「馬事文化研究家」とでもしようかと考えている。こうしておけば、草競馬や馬祭りのＰＲやアドバイザーなどを受けるときにおさまりがいい。国内はもとより海外で取材活動をするときにも使える。名刺の裏に「〇〇ＰＲ大使」とか、「〇〇ホースアドバイザー」とか、いくつか並んでいると箔がつきそうだ。

引き受ければ、全力で取材して、いろいろなメディアに発表していくことはするが、「報酬や経費などは一切不要」のつもりでいる。お金でしばられると自由がきかないので、そこは柔軟に対処できるようにしておきたい。馬に食べさせてもらってきた半生なので、少しでも馬に関わることで恩返しできればと思っている。

これも馬事文化の流れだと思うが、先日「世界をつなぐ日本酒・ＳＡＫＥの夕べ」というイベントに招待された。別に日本酒好きということで呼ばれたわけではない（そもそもビール党だ）。声をかけてくれたのは馬搬振興会の岩間敬氏（２３０ページ参照）である。

実はイベントに行くまでよく趣旨を理解していなかったのだが、会場で話を聞いて驚いた。

同会が提携している「日本植物燃料」という会社が、モザンビークでお米を生産し、それに馬耕で作った日本の米麹をプラスして、現地で日本酒を作り販売したのだそうだ。いわば、モザンビークと日本の馬耕のコラボ。２０２３年5月の岸田総理の同国訪問時の昼食会にも供されたのだそうだ。そのお酒を飲みながら、日本とモザンビーク、あるいは海外の国との友好を深めようというのがイベントの趣旨だった。

なぜモザンビークかといえば、寡聞にして知らなかったが、日本に最初に来たアフリカ人がモザンビーク人だったからだ。16世紀に宣教師の一行と一緒に織田信長に拝謁し、大変気に入られて武士としての身分とともに「弥助」という名前を与えられたという。それにちなんで日本酒のブランド名も「ＳＡＫＥ ＹＡＳＵＫＥ」とつけられた。

馬事文化もここまで深くなれば驚嘆するしかないが、馬搬振興会の活動自体はＪＲＡの特別振興資金助成事業でもあり、ゆかりがある。できることがあれば、自分も関わっていきたい。

１００回ダービー

競馬も広い意味でもちろん馬事文化。こちらの方でも考えていることがある。

昔から勝手に「第１００回日本ダービーを見る会」を作っていた。会員は、自分以外に特に親しい人間が2人。亡くなったかなざわいっせい氏と、競馬記者・有吉正徳氏の３人。かなざわ氏は天国から見るしかなくなったが、有吉氏とは、

「この世に残された2人であと10年がんばろう」

といっている。

先日有吉氏と話していて、この会を発展させて、「見る」だけではなく、本を出そうという企画が出てきた。そこで会を「『第１００回記念・日本ダービー史』をつくる会」と改称。２０２３年のダービーが第90回だから、10年かけて執筆を進め、自分たちで勝手に第１００回を盛り上げようと考えている。

いずれにせよ、引退してからやらねばならないこと、やりたいと思うことは目白押しだ。

予期せぬ出来事

ありがたい言葉

２０２３年12月、ＪＲＡからそのニュースが流され、多くの親しい関係者からお祝いの連絡を受け取った。みんなびっくりしたことだろう。何より当の本人が一番驚いているのだから。ＪＲＡからの「理事長特別表彰」である。

11月、すでに内示を受けてはいたものの、初めて話を聞いたときには、うれしさよりも狐につままれたような気持ちになった。まったく予期していなかったからである。

一般的にいえば、引退間際にやっと通算２００勝に到達といった調教師に表彰などなんだのはまったく縁がない。自分なりにやってきた成果ではあるが、はたから見れば特にふりかえるような数字ではない。急に表彰といわれてもピンとこないのが当たり前といえる。

もちろん受賞理由は厩舎の成績ではない。受け取った内示文書では、受賞理由はこう書かれていた。少し長いが全文を引用させていただく。

「調教師としての活動を行いつつ、『尾形藤吉～競馬界の巨人が遺したもの～』や、全国各地に赴き取材を続け執筆された『馬を巡る旅』などの作品を通し、競馬の歴史や文化、在来馬の保存活動、伝統馬事芸能に至るまで、馬と人の関わりの奥深さを広く世の中に発信した。その活動は中央競馬の歴史を振り返るうえで、また馬事文化の普及という観点からも極めて有意義なものであり、その功績を称える」

ありがたい言葉に感極まる思いだ。

入り口への配慮

調教師はあくまで競馬という世界の中のひとつのピースに過ぎず、文化だ、歴史だと、偉そうに語る任にはない。まして文章に残すなど素人の余技に過ぎず、専門の方々に申し訳ない気持ちでいっぱいだ。そこは今も変わりない。

それでも2014年秋、なぜか始めてしまった。

あらためてふりかえると、そこには何か明確な目的のようなものがあった、というわけではない。おそるおそる始めたというのが正直なところだ。

それが証拠に大上段にふりかぶって競馬の話から始めるのは避けた。神馬から始まって、馬を使った祭事が主な取材対象だった。あえて競馬とは遠いところから入っていった。

当時、格好のネタを小耳にはさんだせいもある。自厩舎の馬主さんで作家の浅田次郎氏の所有馬が、めぐりめぐって京都・上賀茂神社の神馬になった話を聞いた。京都開催の折に上賀茂神社に立ち寄ってその神馬に会い、関係者に話を聞いた。

調べてみると、上賀茂神社に限らずＪＲＡが関係する神社や馬の祭事がいくつかあることがわかり、ツテを頼ってそれらを取材した。

日本ウマ科学会学術集会にも参加し、ネタを探した。そこで韓国・済州大学の康珉秀教授と知り合い、彼の地へ出かけて日本在来馬のルーツを探った。それやこれやで1年間、馬祭事や日本在来馬のネタを中心に執筆を進め、ある程度形ができてきた２０１６年ごろから競馬の世界の話も徐々に入れるようにした。内容についておもしろがってくれる競馬関係者や一般の読者が少しずつ現れるようになった。

今も入り口は間違っていなかったと思う。目立つ成績をあげているわけでもない一介の調教師がいきなり偉そうに競馬について語り出したら、反発もあったはずだ。ひっそりと脇道から入ったことで、余計な軋轢

ここ10年で発刊した拙著。

は避けられたと思う。

以来、気づけば10年という時間が過ぎ去ろうとしている。途中、コロナによる中断、連載メディアの変更などがあったものの、毎週毎週原稿を書き続けた。今回の表彰は、著したものの力というより、まさに継続そのものを評価していただいたと思っている。「続けることに意義がある」と周りにも吹聴し、しつこくやってきてよかったと思う。

自分一人の力ではない。取材にご協力いただいた方々のおかげだ。そして何より厩舎の馬主さんやスタッフの理解があればこそ続けてこれた。受賞は個人かもしれないが、チームとしていただいたものだと思っている。

オンリーワンで変則2冠

まぶしすぎるスポットライト

「壇上へどうぞ」

名前を呼ばれて、舞台に上がる。高い位置から出席者の顔を見たとき、恥ずかしい思い以上に場違いな感じがした。2023年12月21日、品川プリンスホテルで行われた有馬記念出場枠抽選会後のレセプションでの話だ。JRA理事長特別表彰セレモニーが始まる。

隣には11月に引退し、同じく表彰された熊沢重文・元騎手がいる。隣にいる自分が不思議でならない。あちらは、平場と障害の二刀流で押しも押されもせぬ成績を残し、JRAの歴史に名を残したレジェンドジョッキー。受賞に相応しい。それに比して、自分は史上に名を残すような何かを成し遂げたわけでもない。調教師としては好き勝手にやってきた28年間であり、勝手に決めて、勝手に始めたことを本にまとめたにすぎない。スポットライトがまぶしすぎる。

壇上で花束を受け取り、吉田正義ＪＲＡ理事長から記念品として立派な西陣織の絵画を渡された。描かれているのは、２０２1年七夕賞のゴール前。トーラスジェミニが先頭で駆け抜けた場面が再現されている。豪華な品に恐縮するしかない。

調教師としての特別表彰は２０２０年の藤沢和雄氏以来だそうだ。前人未到の成績を残した伯楽中の伯楽と同じなどと、自分などがもらってしまうと価値が下がりそうで申し訳ない。とはいえ、藤沢氏はＪＲＡ賞特別賞、自分はＪＲＡ理事長特別表彰。微妙に違う。

基本的に出席者は競馬界の関係者だけ。騎手や調教師など厩舎サークルの人間のほか、ＪＲＡや馬主協会の理事など、錚々たる面々だ。普段、こういった華やかな席は自分にはまったく関係がない。どちらかといえば、裏街道を歩んできたからだ。

それでも競馬愛という点では、人並み以上かもしれない。ともかく、競馬が好きで、競馬に関わる人たちが好きで、彼らと一緒に仕事ができることを誇りにしてきた。厩舎サークルの外からやってきて「好き」の一念でここまできたようなものだ。

ＪＲＡという組織にも尽きせぬ感謝がある。自分のような人間を何十年も抱えてくれた懐の深さに敬服せざるを得ない。それがなかったら、厩舎サークルでの生活を全うできたとは思えない。

2023年12月21日、JRA理事長特別表彰セレモニーで、熊沢重文・元騎手とともに記念品をいただいた。（写真／c3.photography）

その上に今回の表彰である。望外の喜びだった。あとから話を聞けば、ＪＲＡ内でこの話が出たとき、誰も異議を唱える人がいなかったとのこと。ありがたい話だ。常日頃から彼らとコミュニケーションをとり、厩舎サークルで働く現場の人間との間に立って、微力ながらできることはやってきた。自分を生かしてくれたＪＲＡに少しでも恩を返したいという気持ちからだった。そんなところも見てくれていたのかもしれない。

2度目の感覚

壇上で出席者の顔もよく見えないほどの光に照らされながら、この感覚は2度目だな、と思った。２０１５年2月、目黒の雅叙園で行われた２０１４年度ＮＡＲの授賞式でのことだった。交流競走１０００回出走ということで同じく特別表彰された。当時は「二度とこのようなことはないだろう」と思っていたが、こうして2度目が訪れた。１０００という数字に「やっぱり続けることが大切だよな」とも思った。ちょうど執筆活動を始めたときで、「そっちも続けられるだけ続けよう」と思ったのを覚えている。

いずれにせよ、ＪＲＡとＮＡＲという違う組織をまたいでの特別表彰2冠を達成。こんな調教師は後にも先にも自分しかいない。将来も出てくることはまずない。交流戦を使いまくったり、本を出しまくったりしていたら、普通は調教師生活が破綻するのがオチだからだ。自分の場合はどこまでいっても「運と人」、つまり馬主やスタッフに恵まれた結果にすぎない。

自分で勝手に築き上げた世界ながら、そこでは「オンリーワン」である。一人しかいないのだから。ということは同時にその世界では「ナンバーワン」でもある。「オンリーワン」の「ナンバーワン」にどこまで価値があるか微妙だが、長く続けていれば、誰かが見てくれて、ときに予期しないご褒美がもらえる。人の世はおもしろいと思う。

取材する側、される側

メディア対応

２０２４年も2月に入り、いよいよ引退まで１ヶ月を切った。ここのところ、最後ということで親しい競馬記者から取材を受けることも少なくない。同じ話をしてもしょうがないので、メディアによってネタを分けている。書く方もその方がやりやすいだろう。

ここ10年、執筆をするようになって、取材する側、される側、両方の立場にいる。それぞれの立場でいろいろ考えてしまう。

「取材される側」としては、自分の中にメディア対応の基準がある。もちろん調教師としては取材を拒否することはない。とはいえ、囲み取材などその場限りの場で顔も知らない記者から質問を受けても「はい」「いいえ」ぐらいしかいうことがない。きちんと名刺を出し、所属を名乗って取材を申しこんできたら、時間をとっていろいろな話をする。初顔なら名刺を出すのは「取材する側」としては当たり前のことだと自分は思っているが、そういうメディアばかりでもない。

地方交流戦を使いまくっていた頃、某競馬評論家からそれを批判する内容を名指しで勝手に本に書かれた。人には立場があるので論評はかまわないが、取材にも来ないで指弾する態度はいかがなものか。メディアに関わる者として恥ずかしくないのかと思った。

自分の中には「3メートルルール」というものがあり、口には出さないが、「ここから先は入ってくるな」という境界がある。その点では取材しにくい人間かもしれない。ただ名刺をもってこのバリアを突破してきた記者も何人かいる。一度3メートル内に入ってくればもう身内だ。質問以外のことにも答えるし、時には聞かれていないことまで話す。

3メートル内に入れない記者にとっては「はい」か「いいえ」しかいわないのだから、とっつきにくいことこの上ないだろう。よくしたもので、人気馬を常時抱える厩舎でもないので、そもそも初顔の接触は少ない。その点でこのルールが問題になることもない。

基本的には自分に取材に来ても「馬のことは担当者に聞いてくれ」といっている。当然のことながら彼らの方がよく知っている。スタッフには「メディアには包み隠さず正直に話せ」といつもいっている。もちろん彼らの発言に対しての責任はもつ。それが調教師としての自分の仕事なのだから。

アポなしが基本

自分が「取材する側」のときはフェイストゥフェイスを基本にしている。どうしても会えないときは、せめて電話で直接話をする。メールなどは論外だ。

ただ申し訳ないが、会うにしてもアポは取らない。生き物を扱う職業なので突発事故は日常茶飯事。直前に不測の事態が起きれば取材もドタキャンせざるを得ない。また、業務で起きたトラブルは最速・最短・最適に解決するのを旨としているので、その点でも予定が変わることはよくある。取材先が自分のために時間を割いて待ってくれているのに、ドタキャンでそれを不意にするのは誠に申し訳ない。

アポなしで取材に来られる側は面倒だろうが、迷惑をかけそうな場合は「ごめんなさい」でさっさと退散する。行ってはみたものの相手がいなかったということもある。それはそれでしょうがないと思っている。

自分が興味をもったイベントの取材もよく行くが、その日のその日とか、前日とかで空きを見て決める。イベントに合わせ、1週間や10日も前からスケジュールを合わせることはしない。

この辺りは素人記者の気楽さだ。機会を逃せば、縁がなかったか、また来年、と思えばいい。とにもかくにもこんな感じで約10年も執筆活動が続けられたのは、ツイていたというしかない。

会食を交え、知り合いの記者からインンタビューを受ける。

自分は無口な方ではない。ただ余計な時に余計なことはいわない。逆にＴＰＯが許せば誰とでも話す。そもそも関西人だし、マシンガントークは得意だ。英語でも日本語でもそれは変わらない。

実はアフリカで身につけた技でもある。彼の地にいたらともかく周りの人たちに話しかけていないと生きていけない。話しかけることによって相手との距離を測り、相手の警戒感を解いていかないと思わぬトラブルを招く。いってしまえば「おしゃべり」は生き抜く技のひとつなのだ。

引退後は取材する側の立場が多くなることだろう。マシンガントークを武器に生き抜いていきたい。

卒業アルバム

在籍の証

「はい、そのポーズでお願いします」

カメラマンにいわれてポーズを取る。少々気恥ずかしいが、もともと頼んだのは自分なのでやらざるを得ない。

ディレクター、編集者、カメラマンの女性3人による制作チームが厩舎に初めてやってきたのは、2023年桜咲く4月の頃だった。かれこれ1年近くが経ち、編集作業も最終段階に入った。引退までには間に合うだろう。

引退すれば厩舎は解散となる。文字通り、人も馬もあちこちに散っていくわけだから、まさに「解散」ではあるが、あえて自分は「卒業」と呼びたい。単に無くなるのではなく、みな何かを身につけ、次のステップへと巣立っていくと思っている。

最後の1年、厩舎スタッフの様子を記録に残し、かつ記念になるものをと思い、写真集を作ることにした。いわば卒業アルバムだ。こんなものを作る物好きな調教師は自分以外にはいないので、周りからはあきれられた。

月に1回撮影が入る。早朝の厩舎作業から調教終了まで1日カメラに追われる。当初は困惑気味だったスタッフも、最近ではすっかり慣れて撮られることにも抵抗がないようだ。

合間に撮影があってもいつも通りに作業が進む。そんな日常のシーンだけでなく、アルバムらしくスナップも混じる。ポーズを取らされることもある。

思い出に残る1冊ができあがるはずだ。自分は引退だが、スタッフはまだまだ現役の厩舎人としてこの世界に残っていく。小桧山厩舎に在籍し、仲間と過ごした日々の証明になってくれればうれしい。

空気のような存在

そもそも卒業アルバムが作りたかったのは、理想の厩舎を追い求めた自分へのけじめでもある。評価は他人がするものだから、これが一般的な厩舎としての「理想」かどうかわからない。ただ、自己満足という点で

小桧山厩舎スタッフの集合写真。みんなでポーズ。(写真／c3.photography)

は100％に近い出来だと思う。こんな調教師のもとでそれぞれよく頑張ってくれた。

調教師の仕事として「朝は必ず厩舎に顔を出す」「トラブルが起きたら責任をもって解決する(最速、最短、最適に)」。この2点は自分に課してきたつもりだが、それ以外は基本的にスタッフに任せてきた。その意味で「任せられる人材の育成」をテーマに30年近くやってきて、今の完成形がある。

特に最後の10年は連載を抱え、不在のときも多かった。朝、厩舎に顔を出せば、昼間はどこで何をしているか、スタッフは知らない。それでいてトラブルが起きればどこからともなく現れ、関係者の間を奔走し、解決していく。はたから見れば、いるんだかいないんだかわからない、空気のような存在だろう。それでも厩舎全体としてはうまく回っている。それが理想であり、ここ何年かはそれができた。優秀なスタッフのおかげだ。

スタッフは、調教師の思惑だけで集められるわけではない。トレセンで働ける人数には限りがあり、人は基本的にプラスマイナスで移動する。どこかで人がいなくなれば、どこかから人がやってくる。こうしてパズルのように人材がはまっていく。中には好むと好まざるとにかかわらず、というケースも出てくる。その場その場でいろいろな状況がある。

トレセンを一つの会社として考えれば、サラリーマンが本人の希望だけで異動できるわけではないのと同じ。また、管理職が好き勝手に人を集められるわけでもない。

そんな中で理想の形が作れたのは、偶然かもしれない。たまたま優秀なスタッフが集まったともいえるが、まったく戦略がなかったかといえば、そうでもない。よその厩舎でもこれはと思う人材にはずっと目をつけてきた。うまく機会を見つけて、結果的にスタッフにできたケースもある。言葉は悪いが「火中の栗を拾った」ケースも少なくない。それやこれやで集まってきた人間とここまでできたことが何よりうれしい。

感謝の気持ちを少しでも伝える手段としての卒業アルバムだ。完成したら厩舎を旅立つスタッフに贈る言葉をかけながら進呈したいと思っている。

白駒の隙を過ぐるが如し（はっくのげきをすぐるがごとし）

神の一言

２０２４年、年明けから厩舎明け渡しのための作業が続いているが、２月に入りいよいよファイナルカウントダウンとなった。厩舎が入っている区画「西８」には杉浦厩舎が入る。スタッフの移籍先もほぼ決まった。てんでバラバラではあるが、行った先で力が発揮できるよう、できる限り配慮した。馬も馬主さんと相談しながら、移籍先を探した。大部分は佐藤吉勝厩舎へ移る。

１９９６年3月に厩舎を開業し、28年間、調教師生活を続けることができ、いよいよ引退の日を迎える。

「結局コビさんにはかなわないよなあ」

先日苦笑交じりに語ってくれたのは国枝栄師。大学の1年後輩でつきあいは半世紀を超える。ＪＲＡに誘ってくれたのも、調教師になるよう熱心に勧めてくれたのも彼だった。

その国枝師は今や競馬界を代表する押しも押されもせぬ名伯楽となった。自分にとって宗教は「武豊」だが、それに続く神に近い存在が同師だ。競馬史に名を残す人物となった同師と同時代を過ごせたことは自分の誇りでもある。

成績としては何ひとつかなうものがない国枝師に、勝るところを探すのはかなりの難作業だが、無理やりこじつければ3つある。

つい最近の話だ。恐縮だが競馬とは関係がない。ゴリラの写真集の帯を斯界の第一人者で前・京都大学総長の山極壽一氏に書いてもらった。この話を同師にしたら冒頭の発言となった。研究の世界では有名な人物なので驚いた様子だった。これが一つ目。

二つ目は、2023年12月のJRA理事長特別表彰。国枝師も非常に喜んでくれ、このときも「かなわない」といってくれた。成績ではなく「馬文化の紹介」が受賞理由なので、その点を評価してくれたのだろう。

三つ目は、ダービーでの最高着順。自分には2018年スマイルジャックでのダービー2着がある。国枝師のそれは3着。あれだけの成績をあげているのに同師にダービー制覇がないのは競馬界の七不思議だが、記録上はこうなる。もっともダービーともなれば勝利にしか価値はないので、2着も3着も実は関係がない。

今のところ、後にも先にも3つしかなく、調教師としての評価対象にはあまりならないが、国枝師だけは「かなわない」といってくれる。半ば冗談とわかっていてもうれしい。28年かかって神に近い圧倒的な人物からやっとの思いで引き出した一言だ。

つまらないやつ

引退後、自分のプロフィールを記すなら、競馬の世界で特筆する事項としては、やはり「ダービー2着」と「JRA理事長特別表彰」の2つしかない。これらは一般の人にわかりやすいからだ。

前述したように業界的にはダービー2着にはさして価値はない。1着になればこその栄誉だからだ。

これもつい最近のことだが、たまたま時間があって東京競馬場の競馬博物館で、ダービーのビデオを見た。2008年のあの日が蘇る。

ゴール前10メートルのところまでスマイルジャックは先頭だった。一緒に見ていた関係者は大興奮していた。しかし自分は冷めた目で最後の直線を見ていた。大外から飛んでくるディープスカイを視界の端に捉えていたからだ。

レース終了後の馬房で自厩舎のスタッフたちが悔しさのあまり号泣していた。その姿を見たとき、「おれはつまらないやつだなあ」と思った。彼らほど感情を揺さぶられる悔しさはなかったからだ。胸にあったの

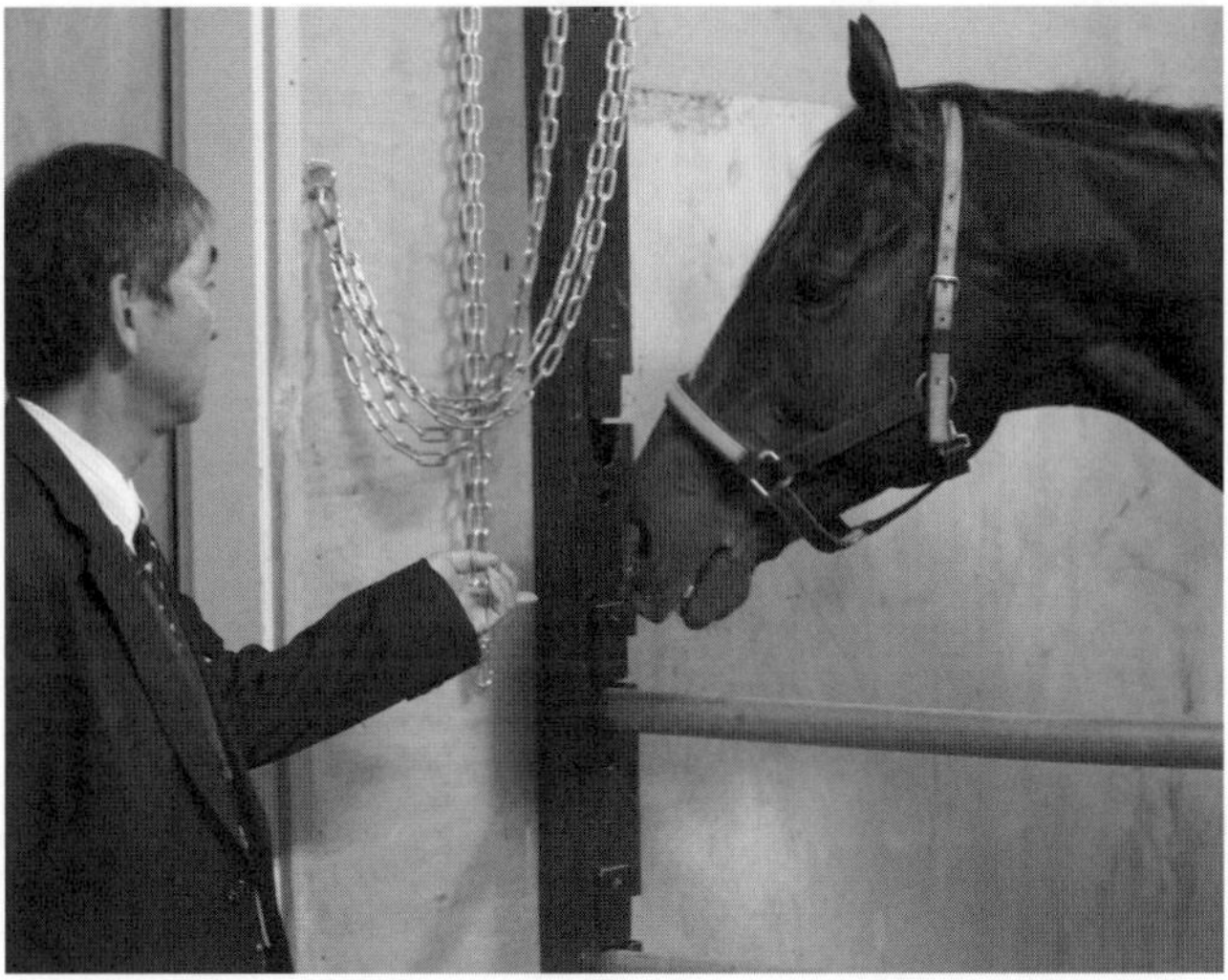

スマイルジャックの労をねぎらう。2014年11月、引退式が行われた川崎競馬場の出張馬房にて。

は「10番人気で2着なんだからスマイルがよく頑張ってくれた」「ここまで馬を仕上げたうちのスタッフもすごい」との2つの思いしかなかった。

あのときは「引退するときに悔しいと思うのかな」とも思ったが、それが目の前に迫った今、ビデオを見ても思うことは同じだった。何回見ても2着は2着。「やっぱり変わんねえなあ」と自嘲するしかなかった。

ダービーに限らず、山ほど負けてきたレースに悔しさはない。そんなものをいちいち引きずっていては何も始まらないからだ。ただ反省はある。反省の元になるものは、馬に対して申し訳なかったという思い。特に最初の10年ぐらいは「俺がもう少し成熟していたら違うことをしてやれたのでは

2024年2月の尾形会総会での集合写真。

ないか?」といつも思っていた。

引退日

2月某日、2024年の尾形会総会が開かれ、引退となる自分は慰労の花束を受け取った。この時期の恒例行事だが、ついに自分の番が来たか、と思った。尾形会から「あなたは引退ですよ」と通達されたことで、気持ちの上ではこの日が自分の「引退日」となった。

調教師になって尾形会に入ることができたことは、何よりの名誉だ。そもそも調教師にならないと尾形会には入れない。そして師匠が尾形会でなければ資格がない。

若い頃、厩舎外の世界から見えていた尾形会の姿は、競馬界そのものだった。そこに身を置くことは、厩舎外から入ってきた自分のような人間にとっては、筆舌に尽くしがたい価値がある。

成績で会に貢献するのが本来だろうが、その点はうまくいかなかった。せめてできることはやろうと積極的に幹事役を引き受けた。2022年の尾形展開催の際は微力ながら音頭をとらせてもらい、尾形藤吉先生の本も出版させていただいた。少しでも会に尽くしたいとの思いからだった。

総会では調教師試験に受かって新しく尾形会入りした柄崎将寿(つかざきまさとし)師も紹介された。祖父も父も調教師。3代続く厩舎サークルの出で、同師は尾形充弘厩舎所属の騎手だった。いわば尾形直系の弟子。調教師の系譜からいくと会の保守本流となる。自分たちの引退後は現役調教師として彼が組織を引っ張る存在になってくれることを期待している。

脇道、裏道

尾形会にも保守本流となる若い力が誕生したが、思えば自分は彼のような人物とは正反対の道を歩いてきた。最初から厩舎サークルに地縁・血縁があるわけではなく、もともとは単なる競馬ファンであり、育成場で働いていたときも学生時代のサークル活動がずっと続いている感覚だった。

「どうせなら、競馬界というところがどうなっているのか、身をもって探ってやろう」

１９８２年、そんな思いでＪＲＡの門を叩く。いわば「競馬探偵」のつもりだった。そんな人間が名門「尾形会」の一員として、引退の日まで調教師でいられた。奇跡だと思っている。

競馬の本道は歩けなかったものの、脇道、裏道の類は結構極めたと思う。競馬探偵として業界を探るうちに、他の厩舎人が手を出さないところに積極的に進出した。厩舎開業直後から地方交流戦を使ったことなどは顕著な例だろう。自慢にはならないが、勝ち星の3分の1が地方なのだから。さらには知り合いの個人馬主さんとしか付き合わなかったり、縁のある中小牧場の馬ばかり預かったりと、普通なら厩舎経営が回らなくなるはずだが、手練手管でなんとか最後までしのいでしまった。

古《いにしえ》のことわざに「白駒の隙を過ぐるが如し（はっくのげきをすぐるがごとし）」というのがある。「人生は白馬が戸の透き間の向こうをさっと通り過ぎるほど短い」という例えだ。毎日を馬と一緒に過ごした時間はさらに早く感じる。あっという間の28年間であり、調教師生活だった。

慰労会の夜

弟子のいる幸せ

「ご苦労様でした」

一斉にグラスを傾ける。都内某所で仲間たちが慰労会を開いてくれた。集まったのは、大学の後輩で幹事の競馬記者・有吉正徳氏、福島民報の高橋利明氏、競馬実況アナウンサーの佐藤泉氏、フリーの編集者Kくんの4人。美浦から国枝栄師、青木孝文師、小手川準師、堀内岳志師、森一誠師の調教師5人が加わり、自分も含め計10人となった。

森一誠師は大学の後輩で3月開業の新人調教師。自分と入れ替わる形だが、そのお祝いも兼ねている。

普段から顔を合わせているとはいえ、一同に会すとなると極めて珍しい。特に、小桧山厩舎出身の青木師、小手川師、堀内師の3ショットは感慨深い。厩舎の歴史そのものでもあるからだ。実は微妙に働いていた時期がずれており、3人が同時にいたことはなかった。

馬ではないが入厩の順でいうと、最初が小手川師で２００１年。続いて青木師が２０１４年。同師の厩舎開業が２０１７年なのでともに働いていたのは約3年。堀内師が来たのは２０１８年で青木師と入れ替わり。小手川師と堀内師が同籍していた時期は約2年。その後２０２０年に小手川師、２０２２年に堀内師がそれぞれ開業独立した。

小桧山厩舎から出たという意味では3人は弟子という形だが、自分が調教師にしたわけではまったくない。優秀な3人がたまたまやってきて、結果として調教師になってくれた。本人たちの才能と努力の賜物である。自分がやったことは、背中をちょっと押したり、環境を整えたり、とわずかなことでしかない。

青木師は、来たときすでに調教師試験を受けていた。自分のもとに来た限りは何としても受からせてやりたいと勉強できる環境を整えた。結果、見事合格。その姿を横目で見ていた小手川師が3年後に続いた。

小手川師に関しては、その前から受験を強く勧めていたが、頑として首を縦に振らない。どうしたものかと思っていたところに青木師が来て、それがきっかけとなった。

堀内師も、来た当初は受験に関心を示さなかったが、様々な角度から背中を押してやると、やがてスイッチが入った。

こうして芋づる式に調教師が3人も生まれ、今日のシーンが生まれた。師匠としてあとを託せる優秀な弟子に囲まれ、これ以上の幸せはない。

師匠の壁は高くはないのだから、すぐに楽々と超えてゆくだろう。

3タコ

3人のやる気スイッチは場所が明確だが、自分のはそうでもなかった。それを見つけて半ば強制的に押してくれたのは、隣で話を聞きながら美味しそうに杯を傾ける国枝栄師である。

当時同師が所属していた山崎彰義厩舎の2階に呼び出され、「勧められた」というより、「なぜ調教師試験を受けないのか」と説教された。同師は大学の1年後輩なので、後輩に諭される先輩という情けない構図だった。

同師が受験した際のルーズリーフ6冊分の資料を渡された。コピーすることなく「手書きで全部写せ」という。熱心さにほだされて素直に従ったが、生まれて初めて頭痛がするわ、ペンだこはできるわ、で思った以上に苦労した。

「まったく覚えがないんだけどなあ」

慰労会を開いてくれた面々。楽しい時間を過ごせた。

この話になると国枝師はいつもそういう。こっちはよく覚えているのに、説教した方がすっかり忘れているのだから悔しい。

「おかげで右手にタコ3つだよ」

そういい返した。

調教で馬に乗っていると手にタコができる。これに受験時のタコが加わって2つ。最近は執筆作業でさらに硬くなった。3つ目はゴルフでできたタコ。馬ダコ、ペンダコ、クラブダコというわけだ。

「僕は小桧山先生がいなかったら調教師になってないし、その意味で国枝先生がいなかったらここにはいなかったんですね」

堀内師がいうので言葉を継いだ。

「そうだよ。みんな、栄さんに感謝しなくちゃ」

横で国枝師が苦笑している。

気のおけない仲間とのひとときは楽しい。引退までこんなすばらしい付き合いができたことは自分の誇りだ。幸せな夜はこうして更けていった。

幸せの極み

ブルーのジャージ

抜けるような青空の下、馬たちが続々ともどってきた。２０２４年3月3日、中山第8レース。自分にとってラストランとなる。出走したタケルジャックは11着。鞍上に神様・武豊騎手をむかえながら残念な結果となった。

検量室前にもどってきたタケルジャックを他馬と離れた場所に誘導する同騎手。

「コビさん、一緒に写真、撮ろう」

と声をかけてくれた。

口取り写真よろしく、馬も含め写真に収まった。「ウイナーズサークル」ならぬ「ルーザーズサークル」での撮影だが、みんなが笑顔。今後思い出の一枚となるはずだ。恥ずかしい思いをさせてしまった直後で同騎手には申し訳ない思いでいっぱいだっただけによりうれしかった。

その検量室前には、その日の青空と同じブルーのジャージを着た、怪しい集団が控えていた。引退セレモニーに駆けつけてくれた騎手や厩舎サークルの仲間たち、馬主さんたちなどだ。少々戸惑ったが、本当にうれしかった。

実はジャージ自体は事前に見つけてしまっていた。スタッフに「知らないことにしてください」といわれたので知らんぷりしていたが、多くの関係者が同じ服を着て登場というのはなかなか壮観だった。その意味では見事なサプライズ演出となった。

ジャージの胸には「SATORU KOBIYAMA STABLE 1995－2024」の文字、背には小桧山厩舎のもとで重賞をゲットしてくれた馬たち、3人の調教師、4人の騎手の名前がアルファベットで入っている。厩舎の歴史が端的に刻まれ、デザインに馬とゴリラまで入っている、粋な服だった。

その後はウイナーズサークルに舞台を移し、関係者から花束を受け取る。

武騎手から受け取ったときは思わず拝んでしまった。「武豊教」の信者を自認する自分にとって教祖様からの花束は特別だ。感激のあまり、ハグまでしてしまった。

続いて騎手たちと記念撮影。ベテラン、若手、お世話になった多くの顔に囲まれた。昨年引退した田中勝春師も入っている。最後は親しい厩舎関係や馬主さん、家族、友人など、70人近くの人たちと写真に収

引退式での一コマ。花束をくれた武豊騎手と。（写真／c3.photography）

まった。

感極まって涙のひとつも見せるかと自分では思っていたが、笑顔しか出てこない。周りの関係者も同じ。みんながニコニコしている。自分にとって幸せの極みというしかない。こんな引退式になるとは思わなかった。

人生でこれ以上の瞬間が今後やってくるかどうかはわからない。ただこれからも自分らしい生き方を貫くことに変わりはない。それでも日々ニコニコと暮らしていけるのではないかと期待している。

次の9レースが控えているのに、参加人数が多い分だけ、ドタバタが続く。ＪＲＡの関係スタッフに対しても恐縮至極だった。

残した数字

検量室前で関係者と名残りを惜しみ、そろそろ帰ろうかと思ったところに「サインくださーい」の声が聞こえた。競馬ファンがフェンス越しに色紙を差し出している。めったにない光景だ。最後なのでひとりひとり丁寧に応じる。

「通算勝利数の218って入れてください」

ファンからいわれた。確かに通算勝ち星は218だが、これは中央でのもので、本当はこれに地方での勝利数74が加わる。正確には292だ。「＋74」と書き足した。

218＋74＝292。300に満たない。自分が勝ち星として残した数字はこれだけだ。この程度の成績の調教師の引退式としては破格のスタイルとなった。感謝の念にたえない。つまらないところでまた「伝説」を作ってしまった。

最後の出走もダントツの最下位とは自分らしい、といえなくもない。

実はこの日、ウイナーズサークルで写真に収まったのは2度目。同じく引退する、第2レースで勝利した中野栄治師の口取り写真に入らせてもらったのだ。他人の1勝にちゃっかり便乗した形だが、同師とは同じ年に調教師になり、ずっと親しくさせてもらった。これも記念になる。

あらためて思うと、ストレスなく好き勝手にやってきた28年だった。迷惑をかけた関係者も多かったと思う。人はもちろんだが馬たちにも申し訳ない気持ちがある。厩舎から去っていく彼らを見るたびに「もう少し何かしてやれたんじゃないか」と思ってきた。

ファンの皆様、関係者の皆様、本当にありがとうございました。調教師は引退しますが、これからもよろしくお願いします。

第3章

Note of My Horse Research

我が馬人生は続く

馬券の新しい見方

関西の空気

調教師として競馬や馬について語ることはいくらでもできるが、抜けている視点が一つある。馬券だ。もちろん中央競馬の馬券を買うことは競馬法で禁じられているのでいわずもがなだが、ＪＲＡに入る前からまったく興味がない。それでも購入する馬券で支えられている業界なので、馬券ファンには感謝しかない。

「いったい馬券というものはどのくらいの確率で当たるものなのだろうか？」

と思うことはある。

馬は「わからない」が基本。これは自分の調教師としての能力の問題ではなく、かの尾形藤吉先生でさえ著作の中でおっしゃっている。逆をいえば、「わからない」から成立する業界でもある。

そんな世界に、学問としての数学で立ち向かうユニークな人物と先日会食した。数学者にして馬主でもある藤田岳彦（ふじたたかひこ）先生だ。確率論の大家で、その応用としての金融工学や保険数理の研究も行っている。週刊ギャロップの「○○だけど馬主」にも不定期で寄稿されているので、ご存知の人もいるだろう。自厩舎の馬主で「感動競馬場」の著作がある放送作家の村上卓史氏と以前から親交があり、その縁で紹介してもらった。

高名な数学者と調教師とでは馬を除けばつながりはなさそうだが、一つだけ共通点がある。お互い関西出身なのだ。先生は神戸、自分は西宮なので場所も近い。年も2つほどしか離れていない。お話をお聞きすると、1960年代の関西の空気の中で学生時代を過ごされていたことがわかる。

関西を代表する進学校に通っていたとお聞きしていたので、真面目一本やりと思いきや、高校時代には雀荘にも通っていたというから驚きだ。強かったそうだ。抜きん出た数学の能力を駆使していたのだろう。もちろん、雀荘で高校生の出入りが許されていたわけではない。当時は大学生と偽っていたそうだ。

「まあ、時効だからいいでしょう」

と笑顔で語ってくれた。

当時の神戸・西宮辺りは、今のように品のいい場所ではない。怪しいというか、危ないというか、独特の雰囲気が漂っていた。自分もその中にいたので、雀荘に出入りする高校生の話はさもありなん、という気がする。

目から鱗

ギャンブルと確率は切っても切れない関係がありそうだが、藤田先生の武勇伝を聞いていると、数学者になるぐらいの能力があれば、ギャンブルへの応用も可能のようだ。

それでも競馬にハマったのは教授として東京の大学に勤務するようになってから。馬券から入ったものの、「馬主になった方がもっと楽しめる」と、その後資格を取ったとのこと。今は馬主ライフを謳歌されている。

「あとで読んでみてください」

先生からコピーを渡された。所属する新潟馬主協会の冊子「夢を追って」に掲載した先生のコラムの写しだ。タイトルはズバリ「確率と競馬」。馬券ファンは心をくすぐられることだろう。

内容の詳細はここでは省くが、中学高校で習った数学の知識で十分理解できる。実際のレースに当てはめて話を展開してくれるので、数字が苦手の人にもとっつきやすい。

学生時代、数学は好きだった。アフリカで高校時代を過ごしたときも、言葉のいらない数学の授業では西洋人の教師から一目置かれた。

先生のコラムは、今まで興味のなかった馬券に対して新しい見方を示してくれた。目から鱗の思いがする。

藤田岳彦先生と。いろいろとたいへん興味深いお話が聞けた。

今後とも「〇〇だけど馬主」の先生の記事にも注目していきたい。

「本当に失礼いたしました」

会食も後半になって、同行した編集のK君が突然先生に平身低頭している。話を聞けば、数学者としての先生と10年ぐらい前に仕事をしたことがあるそうだ。にもかかわらずまったく気づかずに「初めまして」と挨拶していた。失礼極まりない。

すかさず

「とんだバカヤロウですよ」

苦笑いする先生を横目にK君を揶揄する。果たしてこの邂逅にはどれくらいの確率があったのだろうか？　つい考えてしまった。

引退後の関西遠征

趣味の一つ

引退しておよそひと月がたった。意外に忙しい日々だった。ありがたいことに多方面から飲み会やらコンペやら慰労のお誘いを受け、恐縮している。しかかっていたことの後始末やら、今後に向けた準備やら落ち着かないことこの上ない。もっとも、性格的にじっとしていられない性分なので、無聊を託つよりよほどいい。

もちろん、今後とも競馬界とはつかず離れずで、いわばOBとして活動はしていく。実は調教師を引退しても競馬場内の関係者ゾーンに入れるパスのようなものはもらえる。これがないと面倒なことになるので、大変助かる。頻繁に顔を出して後輩たちに煙たがられるのもいやだが、特別な場合は別だ。

2024年3月3日に破格の引退式をやってもらった翌週の開催日3月9日土曜日。早くも競馬場に顔を出した。「特別な場合」だったからである。

この日の阪神・第8レースはＪＧ2・第26回阪神スプリングジャンプ。このレースに出走する2023

年度最優秀障害馬・マイネルグロンは青木孝文厩舎の所属だった。弟子となる青木師の3度目の重賞制覇が見られそうだ。これはもう行くっきゃない。ということで引退直後ながら関西へ遠征した。

辞めた後の楽しみの一つは、かつて厩舎に所属した弟子たちの活躍だ。青木師、小手川準師、堀内岳志師、原優介騎手、佐藤翔馬騎手の5人が重賞を勝つなどの晴れ舞台にあがるときは、できるだけ現場にいたい。早くもそのチャンスがやってきた。

レースは中団でじっと脚をためていたマイネルグロンが4コーナーを回って先頭に立つと他馬をぐいぐいと突き放し、2着馬に7馬身差の勝利。これからも王者として君臨するだろうことを十分予感させる圧勝劇だった。

レース後に青木師に「おめでとう」と声をかけ、口取り写真に入らせてもらった。我がこと以上にうれしい。正直「これは病みつきになるな」そう思った。これからも弟子たちの口取り写真に入ることを趣味の一つにして、競馬場に足を運びたい。

引退報告

今回の関西遠征にはもう一つ目的があった。中山での引退式に来られなかった二人の人物に引退を報告することである。

一人は馬主として長年お世話になった柴原榮氏。マイヨジョンヌ、イルバチオ、トーラスジェミニなど重賞馬のオーナーだ。調教助手時代から世話になり、開業後も、小桧山厩舎を支え続けてくれた大恩人だ。

連絡を取ると翌3月10日は神戸の自宅にいるという。早速神戸市須磨区の柴原邸へ向かった。

「3月5日付けで正式に引退しました」

本人に会ってあらためて引退の挨拶をする。一昨年、亡くなられた奥様の仏壇にも報告させてもらった。夫妻で本当によくしてもらった。

柴原邸へ向かう前、もう一人の人物に報告を済ませてきた。2020年3月5日に亡くなった作家かなざわいっせい氏だ(奇しくも正式な引退日は彼の命日でもあった)。

調教助手時代に知り合い、一時は居候として小桧山家で一緒に暮らし、作家としてデビューしたのちも友人として家族として接してきた。引退式のあの日も青空の彼方に彼の笑顔を見た気がしていた。

2024年3月9日、マイネルグロンで重賞を制した青木師と。阪神競馬場にて。

今は姫路市・砥掘のお墓に眠っている。ところが情けないことにお寺の名前を失念してしまった。遺族に連絡を取ろうとしたが、うまく繋がらない。しかたがないので、最寄り駅まで行き、そこで手を合わせた。トホホな引退報告にいっせいも天国で呆れているだろう。

それでも柴原氏とかなざわ氏の二人に引退を報告したことで、一区切りついた気がする。

あの日の思い出

たて続けのリリース

1冊の本が、手元に届いた。ページをめくるとあの日がよみがえる。2024年3月3日の引退式での数々のエピソード。300勝にも満たない調教師の引退式としては、大げさにいえば歴史に残るものだった。あのときの模様を厩舎の卒業記念アルバムを制作してくれた編集チームが新たなアルバムにしてくれた。感謝の念にたえない。

本当にたくさんの人に来てもらった。こっそり記念の青ジャージーを用意してくれた厩舎のスタッフたちも予想以上の人数にまったく数が足らなかったとびっくりしていた。

この引退記念アルバムもすぐに増刷をかけてもらった。載っている人たちで住所がわかっている人たちにお礼状をそえて送ろうと思っている。

さらに一部の人たちには発売となった拙著「マウンテンゴリラ〜森に棲む賢者たち〜」も同梱しようと思っ

ている。こちらはA４の大型本でもらった方も始末に困るかもしれないが、本棚におけばそれだけで存在感のある重厚な写真集に仕上がった。手に取ると「いったい誰の本だろう？」と自画自賛(!?)するぐらいのクォリティにはなっている。撮影は自分だが、デザイナーが本当にうまくレイアウトしてくれた。

3月29日には、旧・小桧山厩舎事務所に残った荷物を取りにいった。これで名実ともに最後となる。建物にも別れを告げた。

前日の28日は、かつての厩舎スタッフと送別会だった。一人一人の顔を見ながら、いろいろな感慨がわいた。各人に忘れ得ぬ思い出がある。逆に重要人物が二人、欠席。ドバイに出張の小手川準師と原優介騎手だ。欠席理由が理由だけに、かえって思い出になる。

卒業記念アルバム、引退記念アルバム、マウンテンゴリラ写真集と、たて続けのリリースとなり、それらをお世話になった人たちへ送ると、いよいよ「ひと区切り」の感が強くなった。

4月から新しくいろいろなことが始まる。フレッシュな気持ちで迎えることができる。

写真にびっくり

実は同じ週の初めにもパーティーがあった。母校の馬術部のOB会である。現役部員たちが今年度の全日本学生賞典総合馬術競技会で準優勝したのでその祝賀会も兼ねていた。60人が参加するそこそこの規模だった。

当初は、「呼ばれたから顔を出そう」くらいのつもりでいた。まあ、引退なので花束ぐらいもらえるかもしれない。そんな心境で参加してみると、渡された資料に「小檜山悟調教師引退記念会」とある。主役のひとりは自分だった。ありがたいとしみじみ思った。

それにしても驚いたのは、パーティーで使われたスライドである。前半こそ、準優勝した今年の馬術部の活躍を紹介するものだったが、後半は自分に関するものだった。学生時代の自分の騎乗姿が突然スクリーンに現れたときには、思わずコケた。あまりに若い。さらに衝撃だったのは、女性と写っている写真。「1977年北海道」となっているので、卒業して種馬場で働いていたときのものだ。隣にいるのは女房。これまた若い。自分だけでも気恥ずかしいのに、女房まで一緒となると、恥ずかしさも極まりといった感じだ。

実は女房も同じ馬術部の出身。用事で連れて来れなかったが、正直、いなくてよかった。急にあんな写

あの日の思い出がつまった引退記念アルバム

真が出てくれば、驚くだけではすまないかもしれない。

その後はスマイルジャックの写真が続く。ダービーやら重賞やらのときに加えて、乗馬となってこの馬術部にいたときの写真などが出てきた。最後は、昨年末のＪＲＡ理事長特別表彰時の写真。ここまでの歩みを紹介するスライドが続いた。

大学馬術部で馬に乗っていた頃、50年後のこんな自分はとても想像できなかった。それでも大学卒業後もずっとクラブ活動を続けてきた感覚はある。調教師を引退してこれから新たな船出を迎えるにあたっても、これは続いている。自分の馬人生が続く限り、消えることはない。

縁あって

小桧山血統

馬と同じくらい好きなものがある。馬に関わる「人」だ。彼らに惹かれ、やがて自分もその一員となった。何十年も業界で過ごしつつ、「競馬に関わる人が好き」を公言し、積極的に関わることを旨とした。そんな思いが結果的にはるばる海を越え、中東ドバイの地につながった。そんな気がしてならない。ウィルソンテソーロの2024年ドバイワールドカップ参戦である。

厩舎は小手川準厩舎、騎手は原優介騎手。小桧山厩舎出身の子弟コンビで、いわばコテコテの小桧山血統だ。そんな二人が縁あってドバイの地に向かう。

今回のドバイに大挙して押し寄せた日本馬は、ほとんどが大厩舎に有力騎手の組み合わせで、実績を考えれば異色のコンビといわざるを得ない。オーナーをはじめ陣営の意志の結果だと思うが、なかなかの決断という印象だ。

実績を見ればウィルソンテソーロの参戦は驚くにあたらない。このコンビでそれなりの結果をあげてきたのだから、そのままもありうる。とはいえ、世界最高峰のレースの一つに、重賞2勝(地方)の厩舎、JRAのG1レースに2回しか騎乗経験がなく、重賞も勝っていない騎手での参戦だ。いかに原騎手がふだんから「テソーロ」の馬に騎乗しているとはいえ、簡単な決断であろうはずはない。

「さて、困った…」

最初に話を聞いたとき、小手川厩舎&原騎手とのコンビがかなった以上、「ドバイに行かなくては」の気持ちでいた。ただ、引退直後のことでもある同時期にすでにもろもろの予定が入っていた。特に小桧山厩舎の解散パーティーがその週に決まっていた。多くの人が自分のためにわざわざ都合をつけてくれたことでもあり、今更それをキャンセルするわけにもいかない。迷いに迷ったものの、次のチャンスを期してドバイ行きは諦めることにした。

パーティーでも欠席となった二人のことは話題に上っていた。なんとかいい結果を、というのがみんなの願いだった。

結果は12頭立ての4着。原騎手は、後方を進むウシュバテソーロの近くにつけ、直線で同馬の動きを見ながら合わせて追い出したものの、そのはるか先に勝ったローレルリバーがいた。

結果を考えればよく4着に追い込んだともいえる。大舞台にかかわらず、冷静な騎乗に見えたことは、成長を感じさせた。今後を考えれば、どれだけ大きな財産を得たか計り知れない。師匠としては納得の結果ではある。もちろん本人は悔しいだろうが…。

才能と結果

実は小手川師にしろ原騎手にしろ自分とは縁あって一緒に仕事をすることになった仲間だった。

小手川師に初めて会ったのは1995年。調教師試験に受かり、技術調教師として過ごしていたときだ。たまたま調教中に肩の腱を切ってしまい、リハビリのために鴨川の病院へ通っていた。そのとき、早く調教に復帰したくて、富里の育成場で馬に乗っていた。そこで従業員として働いていたのが小手川師だった。競馬学校厩務員過程を受験するのに、1年以上の牧場での勤務経験が必要なため、たまたまそこにいたのだった。その後、小手川師は首尾よく美浦で厩務員となり、2001年には小桧山厩舎の調教厩務員に。以後20年近く厩舎スタッフとして働いてくれた。

原騎手もそうだ。新人騎手としてデビューした2020年、死にそうな顔をしながらトレセン内を自転車でふらふらしている原騎手を見た。それがきっかけで2週間後には小桧山厩舎へ電撃移籍となった。競馬の世界は奥が深い。馬という人知だけでは完全に把握することが難しい要素が介在する以上、運と実力、縁と努力が作用する。結果と同じく、そこに至るまでの過程は大事だ。

「見てる人は見てるから、ちゃんと乗ってこいよ」

原騎手にはよくいっていた。10番人気以下の馬でレースに臨めば、結果、後方に沈むことはままある。それでもきちんと乗ってこれたかどうか、「見てる人は見てる」という意識を持ち続けられるかどうか。騎手になれたという事実が才能は保証している。だがそれを発揮できるかどうかには根拠はない。自分で乗り越えるしかない。

まあ、人には偉そうにいえるが、才能のない身にはそれを発揮させようもないので、また違う戦略も必要になる。縁を大事にやっていくと人を呼ぶことができる。自分に才能がなくとも才能がある人間を引きつけておければ、結構やっていけるものだ。少なくとも馬の世界はそうだ。自分の馬人生50年がそれを証明していると思う。今は引退式に100人以上が参加してくれたことが、自分の「結果」なのだと感じている。

起きてはならぬこと

騎手と事故

世の中には危険な仕事は数々あるが、戦場で活動する兵士を除けば、ジョッキーは最たるもののひとつだろう。救急車がついて回る、そんな職業は現代において他にない。レース中の事故が死につながった不幸なケースは、中央競馬70年の歴史の中で20件も起きている。

そんな起きてはならぬことがまた起きてしまった。藤岡康太騎手である。落馬事故が起きたのが2024年4月6日の阪神。亡くなったのはそれからわずか4日後、4月10日のことだった。

4月13日の中山でもウイナーズサークルで騎手たちによる追悼セレモニーが行われた。3月3日に自分の引退式に集まってくれた同じ騎手たちの顔が苦痛に歪んでいる。見るのもつらい光景だった。騎手という職業を選んだ以上、彼らは今日も命をかけて一日を過ごす。競馬という世界の中であらためてその現実に向き合わされた気がした。

中央競馬のレース中の落馬による死亡事故となると２００４年の竹本貴志騎手以来となってしまった。いくら死と隣り合わせの職業とはいえ、０であることが関わる全員の願いだ。

軽量ながら堅牢なプロテクターやヘルメットなど、安全に関わる道具は進化し続けている。レース中、事故につながる危険なプレーを監視するシステム、たとえ発走直前でも故障を発症した馬を参加させない規定など、事故の確率を限りなく排除する手立てはＪＲＡも施している。だが、万全の態勢で臨んでも残念ながら予測しない事故は起きうる。

競馬開催日、１日が無事に終われば、競馬に関わる誰もが最初に思うことは「今日も一日何もなくてよかった」ということ。それがクリアされれば、主催者側の最低限の責任は果たしたことにはなる。

死亡事故が起きてしまった現実は重い。不可抗力では済まされない。そこに至る過程を検証し、少しでも事故につながる要因を見つけて、今後の防止策に生かすことが関係者全員に課せられた責務となる。

騎手に限らず、馬というある種リスクのある動物を扱う職業に事故はつきものだ。程度の差こそあれ、日常的にそれは起こりうる。それゆえに数々の安全策が施され、たとえ起きても死に至るような重大事につながらないように、システムも道具も進化させてきたが、こうして起きてしまえば、それは完全とはいえない。

ターフ外でも

レース中だけではない。ターフ外でも事故は起こる。調教時、厩舎作業時などだ。過去には不幸にも死亡につながるケースもあった。そこまでではなくとも、事故がもとで仕事ができなくなり、トレセンを去った人をたくさん知っている。

厩舎を営んでいた頃は、安全第一、労災0を目指していた。人馬ともに無事であることに越したことはないが、それでも事故の一報に接すれば真っ先に思うのは「人は無事か?」ということだ。申し訳ないが、馬はその次だ。馬優先主義はあくまで人の無事が確保されていればこそ。人命以上に馬が大事ということは絶対にない。

自分も若い頃、調教に向かう際に馬が転倒して肩の靭帯を切っている。もう何十年も前のことだが、いまだにある程度までしか、腕が上がらない。こんなものは笑い話に過ぎない些細な事故だが、落ち方が悪ければ、もっと重大な結果を招いたかもしれない。単に運が良かっただけだ。

この仕事に携わる者は誰しも一度や二度はそんな経験がある。まして騎手なら長くやればやるほど回数は増えるし、怪我の程度もひどくなる。たいていは常人以上の回復力でターフに戻ってくるが、中には引退を余儀なくされたり、引退後も日常生活に支障をきたすような、死の一歩手前に至る場合もある。

引退した身とはいえ、今回の藤岡康太騎手のような訃報に接するのはつらい。あらためてご冥福をお祈りしたい。

馬たちのその後

晴れて献上馬に

厩舎解散から2ヶ月が経過。その間、予定していたこと、予定になかったこといろいろ起きてバタバタの毎日だ。思った以上に忙しく、現役のときと大きな違いはない。雑誌連載もその一つで、定期的に締め切りが来るので引退後も生活のリズムを作っている。

厩舎から卒業していった元スタッフたちもそれぞれの場所で頑張ってくれている。彼らのことはいつも気になる。もう、あーだこーだいう立場ではないが、話が聞こえてくると耳をそばだててしまう。

馬の方も同じだ。小桧山厩舎に最後に残った20頭近くの馬たちは、9つの新しい厩舎へと移った。馬主さんと厩舎との相性など、もろもろの関係性を熟慮して主に自分が差配した。新天地での活躍を期待している。

そんな馬の1頭が勝ってくれた。

2024年4月14日3回中山第10レース3勝クラス・ドゥラメンテカップ。小桧山厩舎から千葉直人厩舎へ移籍したセイウンプラチナは、スタートから先頭争いを制すると、あれよあれよという間に逃げ切ってしまった。これで4勝目。なんだか自分が1勝したようでうれしかった。

鞍上は、教祖様・武豊騎手。レースをきっちり読み切った好騎乗はさすが神様のレベルだが、プラスして環境が変わったことも馬にとっては吉と出たのかもしれない。こうして、新たに武豊教の献上馬に昇格したセイウンプラチナ。実は2021年9月、2歳未勝利のときにも献上馬のつもりで同騎手に乗ってもらった。結果は1番人気で8着。それ以来の騎乗だった。自分にとっては約3年越しの願いがかなったことになる。千葉師にもあらためてお礼をいいたい。

セイウンプラチナもこれで晴れてオープン馬となった。格が上がってレースはますます厳しくなるが、今後の活躍を期待したい。

素敵な瞬間

解散後に移籍した馬ばかりでなく、小桧山厩舎から巣立っていった馬のその後も気になる。中でも厩舎の功労馬・トーラスジェミニは、引退後宇都宮の馬事公苑で乗馬としての訓練を経て、福島競馬場に来ていた。誘導馬としてデビューするためだ。

セイウンプラチナが勝利した同じ4月14日、ついにお披露目のときがやってきた。いてもたってもいられず、自分も福島へ。引退後も何回か見ているとはいえ、気になった。

誘導馬に騎乗するＪＲＡの職員は皆、馬術という点では技術の高い人たちばかりだが、元競走馬を誘導馬として使うとなると、乗り手の腕だけではうまくいかない。馬自体に資質がいる。そもそも重賞を取るような器となるとたいていは悍性もきつい。競走馬から乗馬になるにはいくつもの関門を越えていかねばならない。

七夕賞を制し、福島に縁のあるトーラスジェミニが誘導馬として第2の馬生を歩む、というのはストーリーとしては理想的だったが、うまくいくかどうかはわからなかった。こうして新たな生活がスタートしたことは、管理していた身としてはこれ以上の喜びはない。

ウイナーズサークルに登場したトーラスジェミニを見たとき、自分のテンションもあがってしまった。周りを囲むファン同様、自分も携帯でバシバシ写真を撮る。元・調教師がラフな格好でニコニコしながら、元・管理馬にカメラを向ける構図は、冷静に考えれば異様なものだが、ファンの視線は決して冷たいものではな

誘導馬として福島でお披露目されたトーラスジェミニと 。

かった(と思いたい)。

そばで様子を見ていた小手川準調教師もやってきて同じくカメラに収まる。引退してもこんな素敵な瞬間がしばしば訪れるのは、まずは運がいいからだとは思うが、現役のうちにいろいろ考えて布石を打ってきたことも一因だろう。

セイウンプラチナやトーラスジェミニに限らず、縁のある馬や人の活躍にはこれからも注目したい。

今、新たな視点で「競走馬をつくる」仕事に関わろうと思っている。だんだん形が見えてきたので、いずれその話も書いてみたい。

馬の世界は奥深い。死ぬまで関わっていく覚悟でいる。

濃い1日

久しぶりのパドック

２０２４年5月12日。引退してから初めて東京競馬場へ行く機会があった。その日、ありがたいことに、ＪＲＡの吉田正義理事長と会食することになっていた。

２０２３年末のＪＲＡ理事長特別表彰でお会いしたときに親しく話をさせていただき、「一度食事でも」と誘っていただいた。ようやく本日、実現の運びとなった。

会食は夕方だったので、午前中に千葉で用事を済ませ、午後から競馬場に向かった。

「あ、小檜山さん！」

ファンが立ち並ぶパドックへ向かう途中、急に若いかわいらしい女性から声をかけられた。有名調教師のように面が割れているわけではないので、たいていは知り合いのはずだが、一瞬誰だかわからなかった。瞬時に記憶の糸をたどっていくと…。

「おお、久しぶりだね」

声をかけてきたのは武藤善則師の長女、武藤雅騎手のお姉さん・彩未さんだった。かわいいのもそのはずで、アイドルでタレント活動もしていた。今日は自分が名付け親になった馬・モリアーナの応援に来たのだそうだ。武藤一家とは昔から親しく付き合わせてもらっていたので、彩未さんのことは中学生のときから知っている。思わぬ出会いに、今日はいい予感がした。

8レースに小桧山厩舎にいたトーセンウォルトが出るので、ファンに混じって外からパドックを見た。極めて新鮮な印象を受けるとともに、競馬ファンの熱気を感じる。つきつめれば、ここにいる人たちに支えられてきたと思うと、頭が下がる思いがする。

結果は9頭立ての6着。ビリも予想していただけに健闘した方だろう。次回に期待、といったところか。

思わぬ勝利

いったん競馬場を離れ、関係者と打ち合わせした後、10レースに間に合うよう、とんぼ返り。気のおけない調教師仲間、根本師が使っていたからだ。半分冗談で、パドックの外からファンに混じって声でもかけてやろうかと思ったが、すでにレースは終わっていた。掲示板を見ると、なんと根本厩舎のアイファーエポックが1着。人気はなかったはず、と思っていたのでびっくりした。

「入ってよ」

根本師に呼ばれ、口取り写真にも入れてもらった。

今日のメインはG1ヴィクトリアマイル。引退した調教師に渡されるパスを使い、関係者がいる場所へ顔を出す。

「がんばってね」

関西から参戦している顔見知りの若い調教師に声をかけた。実は長男の高校のときの同級生。同じ馬術部で活躍したメンバーだった。昔から知っていて、その後同じ業界の一員となった。

誰あろう、高柳大輔師である。

結果は、高柳厩舎のテンハッピーローズが低評価を覆し、津村騎手の好騎乗もあって見事1着。正直、レース前に声をかけたときは、まさか勝つとは思っていなかったので、驚くと同時に幸せな気持ちになった。

引退後初の東京競馬場で、知り合いの馬が次々と勝つ。準メインが8番人気、メインが14番人気と、ふつうはありえない。別に自分が幸運を連れてきたわけではないが、「来たから負けた」といわれるよりよほど

吉田理事長(一番右)との会食。記念の一枚。

いい。

レース後、競馬場近くの某所で吉田理事長と会食。青木孝文師、堀内岳志師も同席した。青木師は群馬県出身で吉田理事長と同郷。これで小手川準師も出席できれば、小桧山厩舎出身の3調教師勢揃いとなるのだが、残念ながら同師は新潟だった。

偉そうなことをいえる成績を残しているわけでもないので、生意気なことをいう気は毛頭なかった。それでもお世話になった競馬界に少しでも恩返ししたい気持ちは強い。競馬以外の馬事文化全体についても多少は話せるので、いろいろ話をさせていただいた。理事長も熱心に耳を傾けてくれて、貴重な時間が過ごせた。

それにしても濃い1日だった。引退してもこんな日があるのは幸せだ。

ちなみに引退したので、馬券は買える。応援馬券でも買っていれば、懐もあたたまったかもしれないが、買っていない。そもそも業界に入る前から馬券には興味がなかった。

それでもヴィクトリアマイルはもっと配当がつくかと思ったが、そうでもなかったという印象だ。上手い人がいるのだろう。馬券ではファンのみなさんには到底かなわない。

大学で競馬の授業

競馬と確率

モノレールの駅を降りると、緑に包まれた巨大キャンパスが姿を現した。ダービーウイークの２０２４年5月22日、ここ中央大学多摩キャンパスで学生さんを相手に競馬の話をする。若い人と接するのは、それだけで楽しい。基本競馬好きの学生さんに話をするので、競馬という共通項もある。競馬ファンを自認して調教師生活を送った身としては、年齢こそ離れているものの、そう遠い存在ではない。

機会をくれたのは、同大で教鞭をとる藤田岳彦先生だ。「数学者にして馬主」として週刊ギャロップの「○○だけど馬主」にも不定期で登場している。

「大学で競馬に関しての講義をやっているので、ぜひ登壇してもらえませんか？」

以前、縁あってお会いしたときに誘われた。こういう機会はなかなかないし、しゃべることは苦にならないのでお引き受けすることにした。

藤田先生は、数学をもとにした金融工学や保険数理の大家であり、確率論の中で競馬を語ることができる唯一の論客だ。自分も学生時代、唯一得意だった教科が数学で、お会いした時は、興味深くその話を聞いた。先生は、所有馬にフランス語で確率論を意味する「ストキャスティーク」という名前さえつけている。同馬を管理しているのは美浦の大竹正博調教師。その関係で藤田先生の講義にも登場して競馬に関するいろいろな話を学生さんたちにしているのだそうだ。今日も一緒に登壇することになっている

講義自体には、JRAも協力している。JRAは様々な社会貢献活動も行なっている。その一環ということで、今日もスタッフが来ている。

会場は300人も入る大講義室。すり鉢場の教室は大迫力だが、300人ともなればそうは満杯とはならない。それでも100人以上は参加してくれた。

最初は藤田先生の講義。オッズと確率についての話で、単勝オッズの意味について確率論的な解釈を数式を交えて語り、講義の最後には学生への課題も出していた。その課題を自分も頭の中で考えてみる。学生にもどったようで楽しい。

先生によると、「人間は考える葦である」との名言で有名な哲学者パスカルは、実は賭けに関しても重大な言葉を残しているのだそうだ。そのうち先生がネタに使うかもしれないので、これ以上はいわないが、大

変興味深かった。

表と裏

先生の講義が終わって、いよいよこちらの出番。

「調教師とはどういう仕事ですか？　どうすればなれますか？」「所属した馬の中で、印象深い馬は？」など、司会役のスタッフから質問を受け、それに大竹師と自分が答える形で授業が進む。

最初に大竹師が答え、次が自分。同師は日本調教師会の役員でもあり、答える内容も公式なもの。誠実な人柄もあいまって言葉に重みがある。

同じことを話してもしょうがないし、当方は「元」なので、気楽な立場で話をさせてもらった。

例えば、「調教師は早朝厩舎にやってきてスタッフと打ち合わせ、馬の状態を観察し、調教をチェックする。常に馬がどうすれば勝てるのかを考える職業」。公式見解としてはまさにこの通りなのだが、違う話をした。

「自分は、健康診断以外で病院に行ったことがありません」

何の話が始まったのかと、一瞬まわりはざわつく。一見、調教師の仕事とは関係がないように思えるだろう。

中央大学多摩キャンパスでの講義。登壇した大竹調教師（左）と自分。

実は調教師にとって最も重要なことは、３６５日毎朝厩舎に顔を出すこと。極論すればそれさえできれば調教師生活は続けられる。口に出す、出さないはあろうが、みんな実感として思っていることだ。いかにかしこかろうが、調教技術に長けていようが、健康でないと続けられない仕事なのだ。

こんな感じで、大竹師が表から、自分が裏から、話をさせてもらううちにあっという間に予定時間の90分が過ぎた。

最後の質問タイムで

「調教師になるには、馬術のライセンスは何級まであるといいですか？」

という質問が出た。しばしば乗馬の技術と調教での騎乗について聞かれるが、いうほど関係はない。競馬学校厩務員課程の応募要項に、乗馬経験の項目があるぐらいで「うまい、へた」が問われることはない。やる気と度胸があれば誰でも乗れるようにはなる。技術を覚えるのはあとからでいい。

今日の講義がどれくらい心に響くかは未知数だが、学生さんたちが、競馬やこの業界に興味をもってくれるとうれしい。

福島の星たち

七夕賞

２０２４年第2回福島開催第2週。日曜のメインは名物レース、七夕賞だ。

トーラスジェミニで制したのがもう3年も前になる。２０２１年、安田記念で見せ場たっぷりの5着となり、重賞初制覇がかかる中、戸崎圭太騎手を背に2番手から抜け出して勝ってくれた。その後も連続して七夕賞に出走し、２０２３年に引退。福島競馬場との縁もあってか、その地で誘導馬になれた。

２０２４年の七夕賞には、自厩舎にいたセイウンプラチナが参戦。同馬は小桧山厩舎時代に3勝を上げ、厩舎解散にともなって今年開業の千葉直人厩舎に転厩。千葉師がその能力を開花させてくれ、4月に武豊騎手で3勝クラスを勝ってオープン入りした。

「七夕賞に使うなら、ぜひ応援に」と思っていたところ出走が決定。鞍上も原優介騎手。人馬ともに初重賞制覇があるかもしれない。

当日は仕事の段取りをつけて福島に駆けつけるべく予定していた。

ありがたいことに、引退後もなんやかや忙しくさせてもらっている。もしかしたら現役の時以上かもしれない。その分、何かがあると段取りはもろくも崩れさる。七夕賞当日も仕事に関連する育成場の馬にアクシデントがあり、諸般の事情で対応する羽目になった。気づけば、お昼を過ぎ、福島に行くタイミングを逸してしまった。

もろもろの仕事を終えると、すでに夕方。レースはビデオで見た。

セイウンプラチナはトーラスジェミニと同じく逃げ馬。一雨あればと思っていたが、天気は晴れ。大外枠も逃げ馬には有利とはいえない。同じく逃げたいはずの馬もいる。

逃げたい2頭がどちらも引けないとなると、結果共倒れということは珍しくない。それも競馬だとは思うが、心配した通りになった。1000メートル通過が57秒では結果は明らかだ。先行勢に勝ち目はない。トーラスのときは逃げ馬を先に行かせて2番手で折り合えた。今のセイウンプラチナにそこまで期待するのは厳しいかもしれない。

惨敗だったが、自分のレースができなかった結果といえなくもない。原騎手ともども次回に期待したい。

福島競馬場の誘導馬たち。写真左端がヨシオ、その右がトーラスジェミニ 。

裏3強

前開催、4月の福島のときはトーラスジェミニの誘導馬デビューを見に行った。そのときの写真を整理していたらトーラスと一緒に、5月に亡くなった誘導馬・ヨシオの姿もあった。同馬は誘導馬になった後もアイドルホースとして人気があった。亡くなった後は福島競馬場に献花台まで設置されるほどだった。

ヨシオとトーラスには因縁がある。2020年のジャパンカップだ。この年は牡馬・牝馬の三冠馬コントレイルにデアリングタクト、G1・8勝の絶対女王・アーモンドアイと3強揃い踏みという史上最高の顔ぶれ。そんな中、重賞勝ちのないヨシオが出ることになった。

「ヨシオが出るなら、トーラスが出てもいいよな」

そう思って出走させることにした。ヨシオが出ていなければ、トーラスは出ることはなかった。

ヨシオの、亡くなった初代オーナーの夢がジャパンカップだったがゆえに、重賞未勝利でありながら出走したことをのちに知った。結果は、3強のデットヒートで1〜3着独占と、稀に見る好レースとなったが、ヨシオが13番人気で15着、トーラスが15番人気で14着。さらには14番人気のクレッシェンドラヴが13着と、裏3強も下位を独占した。

クレッシェンドラヴもトーラスの前年、七夕賞を制した馬で、2022年引退後、福島で誘導馬になった。ヨシオが続き、トーラスも2024年、誘導馬デビュー。奇しくも裏3強3頭が、福島の誘導馬になった。因縁を感じないではいられない。実は2024年の秋にもジャパンカップ出走馬3頭による誘導馬揃い踏みを予定していたという。ヨシオの他界によりかなわなかったが、実現すれば盛り上がったことだろう。

今年の七夕賞は5年ぶりの7月7日ということで話題になった。七夕は英語でＳｔａｒＦｅｓｔｉｖａｌともいう。ヨシオこそ文字通り星になってしまったが、残った誘導馬2頭は「福島の星」として、今後も競馬場を盛り上げてくれることだろう。

機器の効用

タイムの計測

昔からカメラが好きで、中学生、高校生の頃から使っている。大学の頃には、暗室でプリントまでしていたぐらいだから現像の知識もあった。カメラまわりのことは、ハードウェアを含め、たいてい知っていた。すべてがアナログでわかりやすかった。

カメラはデジタル機器となり、さらには一眼レフがスマホに負ける時代がやってきた。進化には呆れるばかりだ。

かつて、双眼鏡、ストップウオッチは調教師の仕事に欠かせないものだった。「天狗山」（昔は調教スタンドをそう呼んだ）の調教師室に陣取り、追い切りを双眼鏡で見守り、ストップウォッチで時計をとった。道具は、決まった場所に置かれ、そこが自分の席になった。

もっとも調教師時代の最後の方は、自分で時計を取ることは稀だった。親しいトラックマンに聞けばよかっ

調教スタンドのモニター。各馬のラップが一目でわかる。

たからだ。ポイントは毎回同じ人間に尋ねることにある。これで過去と現在の時計の比較ができる。1頭の馬のタイムを考えた場合、タイムの絶対値ではなく、以前と比べてどうだったかが重要と考えていた。

引退間際の2021年、トラックマンに聞く必要さえなくなった。調教のメインとなるウッドチップコースに自動計測システムが導入されたからだ。

実は全馬のゼッケンにICタグが入っている。ハロンを示すポールにセンサーが設置されており、ハロンごとのタイムが自動で計測される。

タイムは調教スタンドのモニターに映し出され、どの馬がどんな時計で走ったか、瞬時にわかる。数値は正確だ。出た数値をどう解釈するかは、本人次第ではあるが…。

今のところ、このシステムはウッドチップと、昔から設置されていた坂路にしかない。ダートや芝、ポリトラックでは相変わらず、時計を取る必要があるので、双眼鏡とストップウォッチは今も各調教師とも使っている。とはいえこれらのトラックでの調教そのものは以前よりぐっと少なくなっているので、重要性は低くなっている。

モニターを見れば、数値はわかるので、馬を見ることに集中できる。便利になったもんだとは思ったが、便利さを十分享受できないうちに引退となった。まあ、親しい調教師たちと席で無駄話する時間が長かった自分にとっては、微妙な感じではあったが…。

厩舎の武器

自動計測システムは、今の若い調教師たちには当たり前になりつつあるが、それ以前に仕事に革命を起こした機器がある。ウォーキングマシンだ。

2020年、美浦の調教トラックの大改修に伴い、当時厩舎があった南地区から西地区に引っ越すことになった。その時に初めて導入した。以前から、各地の育成場で結構使っていたので、「これはいい」と興味があった。

性格的に、今時のタイパ(タイムパフォーマンス)ではないが、時間を無駄にするのが嫌いなタイプではある。マシンの導入によって、効率的に厩舎スタッフが動ける。上手く使えば、調教前後のウォーミングアップにもクールダウンにも使える。2頭の担当のうち、1頭をマシンに入れて運動させ、その間にもう1頭の世話をするといったことができる。

もちろん安い買い物ではない。結構な投資にはなったが、それを凌駕する有用性がある。

「そんなもの、従業員に楽をさせるだけで意味がない」

当初、周りからそんな批判も受けた。

「楽で結構。何が悪いのか」

と心の中で思っていた。

そもそもが、今時、「きつい、汚い、危険」の3Kの代表のような職場である。それを改善するのは当たり前だ。特に楽して余裕が出ればそれは安全につながる。成績をあげることと同じく、労災0が厩舎の目標だったので、その点でも重要な武器となった。

マシンのおかげで、かつての腕利き厩務員たちをシルバー人材として一時的に雇うこともできた。彼らの体力の衰えはマシンが補ってくれる。逆に、その知識や経験は、若い厩舎スタッフに伝授される。マシンの導入は、一石何鳥にもなり、厩舎の仕事に欠かせなくなっていった。

自動計測システムにしろ、ウォーキングマシンにしろ、機械で済ませられるところは機械に任せるのがいい。その論で行くなら、カメラもスマホでいい写真が撮れるならスマホでいいという話になるのだが、シャッターを押しこむときのあの感触は忘れがたい。趣味の世界は別と考えたい。

おじいちゃんの馬見

高馬との付き合い

2024年7月8、9日、北海道苫小牧のノーザンホースパークでセレクトセールが開催された。いわずと知れた日本最大のセリで良血馬が山のように集まる。

例年だと、キラ星のごとく集まる高馬候補たちは、文字通り見上げるだけの存在で自分とは無関係だった。厩舎経営の柱は個人馬主さんだったので、セレクトセールの高馬に手を出すのはどうかな、という思いでいた。馬主さんと一緒に行っても「無理しない方がいいのでは?」と熱くなる馬主さんを抑える役目が常だった。

それでも毎年見に行っていたのは、「ともかく、いい馬は見ておきたい」という馬好きの本能のようなものだ。いい馬だから走るというわけではないが、血統が良くて形のいい馬はそれだけで見る価値がある。「結果が伴わなければ意味がない」という人もいるが、事前に結果がわかる人はいない。

ともかく一見さんお断りで馬主さんの顔ぶれがあまり変わりばえしない厩舎がゆえに、高馬が入厩することはついぞなかったが、それでもたまにそれなりの値段の馬を預かることはあった。

今だからいえるが、正直心おだやかではなかった。一言でいえば、いろいろな意味で「たいへん」なのである。高馬ゆえに、馬主さんとの関係など、考えなければならないことが多くなる。それでいて結果はわからない。値段は結果の保障にはならない。高かろうが、安かろうが、その馬にできる限りのことをするのは変わらないので、効率がいいのか、悪いのか、よくわからない。

さらにいえば「高馬を預かってダービーに勝つ」みたいなところを目標に調教師になったわけではなかった。むしろ現役時代は「サンデーサイレンスに勝つ」を目標にしていた。ちょうどサンデーの初年度、2年度産駒が活躍したころに厩舎を開業したので、おのずとそうなった。ライバルはいつもセレクトセール上場馬だったのである。向こうはライバルとは思っていなかっただろうが…。

孫を見る目

2024年は引退してから初めてのセレクトセールとなった。現役時代に付き合いのあったオーナーブリーダーの馬主さんから「見に行ってくれ」といわれ、マネージャーの人と一緒に参加した。気楽な立場になり、もう高いも安いもない。純粋に馬見を楽しむ気持ちでいた。

セレクトセール自体は、ここ何年かの好況が今年も続いた。1歳のセリには233頭が上場され、売却率は96％、総額130億円超えと絶好調といっていい。一昔前の庭先取引が減り、良血馬がセリで手に入るようになったのは、市場の透明性という点でも結構なことだ。関係者の努力のほどが偲ばれる。

馬主、調教師、騎手など多くの関係者が一堂に会する機会でもあるので、多くの人に会うことができた。中には「引退したのに、なんでここにいるの？」と訝しんだ人もいたかもしれない。

馬の仲介だの斡旋だのは現役のときから自分にはまったく関係がない。引退後もそれは変わらない。あくまで馬主さんに「どう？」と聞かれれば、自分なりの見解を答えるだけのことだ。

現役の頃はセリで馬を見るときは、「万が一自厩舎で預かることになったらどうしよう」というのが本音だった。自分が預かりたい馬だけが入厩してくるわけではない。責任という点で、息子や娘を見るような感覚で馬を見た。

現役を終えた今は、自分が預かるわけではない気楽さから、おじいちゃんが孫を見るような気持ちでいた。現実も自分は「孫のいるおじいちゃん」でもあるので、馬も人もそのあたりは変わりがない。孫はただただ可

知り合いの馬主さんがセレクトセールで購入したコントレイルの1歳牝馬。

愛いのである。

そんな気分もあって、調教師時代なら絶対関係がなかった馬のことを聞かれた。自分の意見がどこまで検討されたのかはわからないが、馬主さんは購入を決定。

中でも目玉はコントレイルの1歳牝馬。セールでも注目されたコントレイルの初年度産駒8頭のうちの1頭を、1億円を下回る価格で落札できた。

育成には自分も関わることになっているので、今後どんな馬に成長していくのか、楽しみである。まさに孫娘の成長を見守るおじいちゃんの気分でいる。

任せて安心

作品に感無量

「相変わらず見事なものだなあ」

金属で作られた立体造形物をながめながら、思わずため息をつく。独特の作風は他の追随を許さない。金属を知り尽くしているからこそ可能となる。しかもテーマは馬。馬の一瞬の表情や姿が、金属の質感を生かして表現されている。アーティスト・正野豪勇氏の作品は見る者を圧倒する。以前よりレベルアップしている感じだ。

2024年7月中旬、他のアーティストと茨城県稲敷市で合同展を行うということで正野氏から案内をもらった。

同氏の前職は装蹄師。それもJRA優秀装蹄師賞を7回も受賞した伝説の匠である。

装蹄師として頂点を極めながら、引退後は装蹄で培った金属加工の技術を生かし、立体造形アーティストへと転身。80歳を超えてなお精力的に活動している。

「これを見てください」

躍動する一頭の馬。たくましいツル頸がいかにも奔馬という感じだ。台座には「美浦 小桧山厩舎 スマイルジャック号」とある。約6年を一緒に過ごした黒鹿毛の馬体を思い出す。こんな素晴らしい作品にしてもらい、感無量だ。

調教師時代は、後を継いで装蹄師になった2人の息子さんともども、本当にお世話になった。馬の脚下のことは、「正野装蹄所」に任せておけばいい、と思っていた。脚下が怪しい馬を、彼らの技に助けられたことも一度や二度ではない。そもそもまったくの技術の世界なので、こちらで口出しするようなものではないと思っていた。任せて安心の人にしか頼めない。

厩舎に関わる人たち

厩舎に関わる技術職の人たちは、装蹄師以外にもたくさんいる。

例えば、獣医師。美浦トレセンの中には競走馬診療所があり、多くの獣医師が働いているが、厩舎の馬

正野豪勇氏がスマイルジャックをモチーフに作った作品。金属の質感を利用しながら、雰囲気がよく表現されている。

に怪我や病気があれば、彼らに頼らざるを得ない。彼らとのコミュニケーションは非常に大事だ。現役時代は、何かあったときだけお願いする関係ではなく、日頃からいろいろと話ができる関係を築くことに腐心した。

調教師はトラブル解決が主な仕事だ。馬のトラブルの多くが、体に関係するものであり、獣医師の出番が再三再四訪れる。そんな時、日頃のコミュニケーションがものをいう。親しい人間から熱心に頼まれれば、獣医師だって診療に力が入ろうというもの。逆に「俺がいってるんだから」と上から目線で来るような調教師は気分的に嫌だろう。

装蹄師、獣医師ほど密度が濃いわけではないが、ある種の技術や知識を持ち、厩舎には欠かせない人たちもいる。例えば、飼料を扱う業者。親しくなれば、新しい製品やその使用状況といった情報をいち早く伝えてくれる。サプリなどを含め飼料の世界も日進月歩で次々といい商品が出てくる。とはいえドーピングの問題もあり、なんでもＯＫというわけではない。ときに彼らの情報が役立つこともある。

例えば、馬具屋さん。馬具は使えば古くなる。頻繁に修理に出さざるを得ない。馬を守り、調教助手や騎手などの命を守る道具でもある。技術をもち、信用できるところと付き合いたい。

小桧山厩舎では、これらの人たちは開業以来ほとんど変わることがなかった。正野さんに限らず、同じところとずっと長く付き合った。決して長く付き合うことを前提にしたわけではなく、信用して任せればそれに応えてくれることが続いて、結果的に変わることがなかったのである。

人と人との付き合いは信用関係が土台だが、お互いに誠実に向き合う一瞬の積み重ねでしかそれは生まれない。つまりは日頃の付き合いが大切ということ。

付き合うときは「偉そうなものいいはしない」ことを心がけてきた。仕事に限らず、偉ぶって得することなど世の中にひとつもない。引退までコレで無事に来れたのだから、この考えは間違ってなかったと思っている。

正野氏の作品を見ながら、余計なことを含め、いろいろ考えてしまった。これもアートの力が為せる技なのかもしれない。

第4章

Note of My Horse Research

馬にかけた人々

馬主の密かな楽しみ

1本の電話から

自厩舎の馬主さん・本杉芳郎氏と静岡県牧之原市のお寿司屋さんで会食。焼津港からの美味しいマグロや地元の魚が食べられる名店で、本杉氏の仲間も集まり、競馬談義に花を咲かせた。

「小桧山さんとの付き合いも長くなりましたね。最初は1本の電話からでした」

グラスを片手に往時をふりかえる本杉氏。

馬主になったのは、今から30年近く前。競馬が趣味だったので、起業に成功し、会社が安定した時期に馬をもちたいと思ったのは自然な流れだった。

馬主になったものの、どうやって馬を仕入れたらいいかわからない。最初は大牧場の馬を言い値で買っていたそうだ。個人の馬主さんには結構きつい。

そのうち抽選馬制度というものがあるのを知った。ＪＲＡが買い上げた馬を抽選で当たった馬主さんに比較的安い値段で譲渡するシステムだった（今はなくなった）。本杉氏もこれを使って馬を購入した。

調教師側は購入者のリストを見て、これは、と思う人に連絡を取り、預けてもらえないか、と交渉する。自分も開業したばかりの頃。リストの中から最初に連絡したのが本杉氏だった。

あとから聞けば、本杉氏に電話したのは自分が最初ではなく、後藤由之調教師（２０１１年引退）が先だった。そのときは、たまたま電話が取れなかったのだそうだ。その直後にかかってきた電話を取ったら、それが自分だった。本杉氏との縁ができた。

抽選馬はセプテンバーナインと名付けられ、勝利はならなかったものの24戦した。翌年も抽選馬を厩舎に預けてくれた。ハンサムピーアイと名付けられたこの馬は船橋の交流戦で勝利。本杉氏所有馬の初勝利となった。

「僕は9月9日9時に生まれたんで、『9』がラッキーナンバーなんですよ」

氏がよく馬名に「ナイン」をつける理由だった。ベンチャーナインもそんな1頭。新潟の新馬戦を勝ち、G３京成杯で2着。皐月賞に出走し、その後プリンシパルに勝って２００８年のダービー出走にこぎつけた。菊花賞や有馬記念にも出るなど、オープン馬として重賞で活躍した。本杉氏の馬主運が凝縮したような馬だった。

レースのあと

「レースはもちろんですが、実は負けても楽しみがあるんですよ」

本杉氏は笑う。所有馬のレースが終わるや、出走馬の馬房に向かう。もちろん馬主や関係者しか立ち寄れない場所だ。そこで馬の状態やレースについて、担当厩務員と話すのが何よりも楽しいのだそうだ。

普通、そういった情報の交換は馬主と調教師の間で行われる。中には「厩舎スタッフと馬主の直接の接触は避ける」としている厩舎もある。調教師とスタッフの間で意見が違うと、よくないからだ。

そのあたりは自分は気にしない。スタッフとの情報共有は基本的にできているが、馬のことは担当厩務員が一番よく知っている。直接彼らと話してもらった方がストレートに伝わる。

所有馬について担当厩務員と直接話しができるのも馬主としての特権。その楽しみは馬主にならないと味わえない。同時に本杉氏の競馬愛を感じる。競馬が好きで、所有馬を愛してくれる理想の馬主さんだ。

馬主さんも今は多様化しており、クラブ法人もあれば何人かで共同所有しているケースもある。いろいろな関わり方があっていいと思うが、自分は個人の馬主さんを大切にしたい。馬主さんには無理せず、なるべく長く続けてほしいと思っている。こちらもなんとか負担をかけないよう手を尽くす。

勝つことが理想だが、容易ではない。もちろん勝てるように馬を仕上げるが、勝ち負けは結局のところ「もっているか」「もっていないか」。馬が走るか走らないかは馬主さんの運だと自分は思う。

運はどうしようもないが、勝利の確率を高めることはできる。そのためには馬が元気で出られるレースがあればできる限り使う。たとえブービー人気でも出走すれば何が起きるかわからない。出走手当も出るし、着を拾えば賞金が得られるかもしれない。少しでも馬主さんの負担を減らせる。

不景気で昔に比べて個人馬主の数は減り、寡占化が進んでいる。あまりいいとはいえない状況だ。どんな世界でも数による多様性がなくなると活力がなくなる。将来に向けて、危惧するところだ。

縁と浮世は…

いまだ健在

北海道・様似町は日高地方でも襟裳岬寄りにある。この地にある清水スタッドには繁殖をあがった1頭の牝馬が、養老馬として繫養されている。フレンドパークだ。その娘ミコココロ、ミコココロの娘カゼニモマケズと血をつなぎ、先日カゼニモマケズの娘・キイロノトマトが２０２３年４月23日福島で勝利した。

フレンドパークは１９９３年５月の生まれ。今年で30歳となる。サラブレッドの世界で30歳となるとかなりの長寿といえる。人間なら90歳とか１００歳とか、そのレベルだろう。清水スタッドで大切に世話されてきたことの証でもある。

１９９６年６月、中山の３歳未勝利がデビュー戦。そのレースで初勝利した。これが自分が調教師となって最初の1勝でもある。そんな馬がいまだに元気なのはうれしい限りだ。その後もミコココロはじめ、その血統につながる多くの産駒を預かり、デビューさせた。小桧山厩舎血統の根幹をなす牝馬の1頭だ。

フレンドパークの馬主、江川伸夫氏もこの牝系を大事にし、自分が馬主となって走らせている。始祖となるフレンドパーク自体の面倒をいまだにみているのもすごい。

いくら愛馬だからといって、個人馬主が引退競走馬の生を全うさせるとなると負担はきつい。

競走馬は、経済動物であり、たとえ引退していても人間が手をかけなければ生きていくのは難しい。

仮に10歳で現役を引退したとして30歳まで20年繋養したとする。餌代、世話代、医療費などを考慮すれば、月10万はかかる。年で120万、20年で2400万。引退馬の面倒を見るということはこれぐらいのお金がかかる可能性がある。

最近は引退競走馬にも関心が向けられ、馬を預かる養老牧場も増えてきた。しかし重賞やG1で活躍した馬が中心だ。

重賞馬には「引退名馬繋養展示事業」という助成金制度があり、JRAの外郭団体に申請すればお金が出るがそれとても全額ではなく、補助にしかならない。引退競走馬の余生を全うさせるにはこういった厳しい現実がある。

それを考えるとフレンドパークのようなケースは稀であり、江川氏のような個人馬主も例外だろう。

北海道・様似の清水スタッドで元気に余生を送るフレンドパーク。いまだ健在。

馬一筋

江川氏は本物の馬好きだ。大学の馬術部を出て、一般の会社に就職したものの馬への思い断ち難く、辞職。厩舎スタッフになりたかったそうだが、スタッフには少々体が大きく断念することに。伝手を頼って牧場で働いた。その後は育成の道に進み、美浦トレセン近くで育成場を経営。これが成功して馬主にもなった。現在は中山馬主協会の副会長の要職にある。

知り合ったのは40年前。自分が畠山重則厩舎の調教助手になったばかりの頃のことだ。厩舎出入りの馬具屋さんから

「国立大学を出たのに、育成場をやっているお前

みたいな馬好きがいるから紹介してやろうか」

といわれたのがきっかけだった。会ってみると確かに波長が合った。類は友を呼ぶといったところか。

実は、現在江川氏が経営する井ノ岡トレーニングセンターの設立にも、大袈裟にいえば自分も関わっている。

設立前、江川氏は阿見町にある厩舎を借りて育成場を経営していた。手狭になっていたので、もっと広い土地であらたな施設を作ることを考えていた。そんなある日のこと、江川氏から
「壊れた牧柵を直すのに穴掘りの道具を借りたいんだけど、誰か知らない？」

といわれた。知り合いの牧場でもっている人がいたので、二人で軽トラに乗って借りに行った。その帰り道、馬の姿が見えたので、車を止めて見に行った。聞けば持ち主は趣味で繁殖をやっているという。1962年の英ダービー馬・ラークスパーを種牡馬として繋養していた。

江川氏はこのとき「ここだ」と直感。その後粘り強く交渉して、施設ごと譲り受けた。その地が今の井ノ岡トレーニングセンターになった。以来40年、育成場として、小桧山厩舎の外厩の一つとして、稼働した。

江川氏も馬一筋の人生を歩んでいる。

「縁と浮世は末を待て」という諺がある。「良縁と好機は時節の来るのを待ち、焦ってはいけない」という意味だ。フレンドパークとの縁、江川氏との縁は、30年、40年のときを経て、花開いている。

馬の恩返し

乗れるうちは乗る

「乗ってほしいんだが…」

自厩舎の古い馬主で神戸で眼科医をしている柴原榮先生から以前からいわれていたのを思い出した。「乗る」というのは、柴原氏が乗馬クラブで所有している「ウインヤード」のことである。元々は2022年に他界した奥さんの愛馬だった。

同じ名前を、所有する競走馬に付けたこともある。自分が預かって走らせた。35戦3勝の成績を残し、厩舎に貢献してくれた。

乗馬の「ウインヤード」は、奥さんの愛馬から柴原先生の馬になった。馬主歴こそ長い先生だったが、奥さんが亡くなり、75歳にして初めて馬に乗った。以来、馬の様子を見に週に一度は乗馬クラブを訪れている。

「ウインヤード」は2023年で25歳。人を乗せるには結構きつい年だ。そんなこともあって、自分に乗っ

柴原先生の「ウインヤード」に乗る筆者。

てほしい、と頼んできた。

2024年6月21日、神戸にあるくだんの乗馬クラブに行き、先生が見守る中、乗ってみた。調教ではもう何年も乗ってはいない。馬にまたがること自体もひさびさだ。長めに常歩をさせてからダグを踏んでみる。とりあえずスムーズに動く。

「これなら大丈夫なんじゃないですか」

馬から下りて伝えると、先生もホッとしていた。

馬は乗れる以上は適度に乗った方が馬の健康にもいい。先生はすでに最後まで面倒をみることに決めている。元気で長生きを目指すならなおさらだ。長年馬主として過ごしてきた先生は、1頭の馬に関わり続けることにどれだけ価値があるかを理解している。競走馬も乗馬もそこは同じだろう。

エキストラ

乗馬クラブを離れてから、こちらの要件を話す。今度は競走馬の話である。先生が所有するトーラスジェミニのことだ。

6月11日に東京のエプソムカップを走った同馬は見せ場なく17着に破れる。ゲートが開いてから飛び出してはみたものの、終始レースについていけない様子だった。ここ5戦、こんな調子で2秒以上離された2桁着順が続いている。すでに7歳。42戦8勝の成績を残し、重賞馬にもなった。ここらが潮時だろう。7月9日の福島の七夕賞を引退レースにする予定だ(28ページ参照)。

引退に関しては、電話やメールで伝える話ではない。きちんと会って話すべきだと思った。「ウインヤード」の件をきっかけに神戸に行き、会って伝えることにした。

先生に伝えると、多くを語ることなく納得してくれた。覚悟はしていたのかもしれない。

過去に1996年と1997年の新潟大賞典などを制したマイヨジョンヌ、2003年のアイビスサマーダッシュを制したイルバチオといった馬を所有した先生にとって3頭目となる重賞馬トーラスジェミニへの思い入れは相当なものだろう。エプソムカップも東京まで来て目の前で見た。引退は避けられないと感じたと思う。

引退後、どうするかはまだ決まっていない。自分としては七夕賞を勝った思い出の福島で誘導馬にしてやりたくてJRAに打診している。柴原先生も自分の提案に賛同してくれた。

この日は午後から柴原先生と一緒に園田競馬場に向かった。交流戦に自厩舎の馬が出るわけではなかったが、原優介騎手が小手川準厩舎の馬に乗る。

同騎手は3月から自厩舎を離れ、形の上ではフリーとなったが、調教にもレースにも普通に乗ってもらっている。小手川師は自厩舎にいたスタッフ。騎手、調教師とも、自分の弟子筋にあたる。

柴原先生の件で神戸に行くことは決めていたので、どうせならと思い、原騎手と小手川師の交流戦に合わせた。ついでに交流戦以外にも同騎手が乗れないか、探ってみた。いわゆるエキストラ騎乗である。幸い永島太郎厩舎に所属する、自厩舎の馬主の馬・ディージェーサンが第3レースに出走する。

ダメもとで「原を乗せてやりたいんだけど…」と永島師に頼んでみた。永島師とは氏が現役の騎手の時に交流戦に乗ってもらっていた仲。そんな関係もあって「いいですよ」と快諾を得た。

実は中央の騎手がエキストラで交流戦以外にも乗れるようになったのは今年からだ。とはいえ、よほどしっかりしたコネクションがなければ、簡単には実現しない。今回は諸事情がうまくはまったケースだ。

結果第3レースは原騎手のディージェーサンが見事な勝利をおさめた。柴原先生とレースを見ながら、二人でガッツポーズをした。

「ウインヤード」といい、トーラスジェミニといい、大事に面倒を見てきた馬たちからの恩返しかもしれない。

そんな気がした。

昭和最後の調教師

厩舎一丸

「バカヤロウ」

ニコニコしながらよくいわれた。あんな親しみのこもった「バカヤロウ」はなかなか聞けない。今も心の中に響いている。葬儀で遺影を見ながら、その声が聞こえた気がした。

２０２３年7月10日。奥平真治先生が86歳で亡くなった。調教師を父にもち、自身も調教助手から１９７１年に調教師となる。２００７年2月に引退するまでの35年の間に多くの名馬を育て、Ｇ１を含む重賞タイトルを数多く獲得した。中でもメジロラモーヌによる初の牝馬三冠はその代表だろう。押しも押されもせぬ昭和の大調教師のひとりである。

人徳者でもある。笑みを絶やさず、誰にでも優しかった。それでいて筋を曲げない。自厩舎の大馬主たちとも堂々と渡り合った。

自分にも本当に親しく接してくれ、厩舎開業当初からいろいろ気にかけてくれた。

交流競走などに勝ったあと、よくすれ違いざまにいわれたのが冒頭の「バカヤロウ」である。自分にとって最高の祝福の言葉だった。

悪くいう人の話は聞いたことがない。そんな人柄を反映してか、葬儀では壁に寄り添ってひそかにハンカチで涙をぬぐう人が多かった。若い人の葬儀ならよく見る光景だが、それなりの齢を重ねた参列者の姿としては珍しい。かくいう自分もいろいろと思い出して不覚にも泣いてしまった。

自分の印象は「昭和最後の調教師」だ。特に印象深いのは、ともかく厩舎の雰囲気が良かったこと。スタッフがみんな和気藹々としている。普通、多くの名馬を預かると、厩舎もピリピリしがちだが、それがなかった。馬が勝ったら勝ったで全員で喜ぶ。厩舎でＢＢＱパーティー。見ていて「厩舎一丸」という言葉がこれぐらい似合う厩舎もなかった。自分もそれに憧れた。

２００７年の調教師引退後も気にしてくれて、スマイルジャックで参戦した２００８年の菊花賞のときはわざわざ京都に来てくれた。

「コビ、応援に来たぞ〜」

「ありがとうございます」

短いやり取りだったが、先生の顔が見れて、救われた思いがしたのを覚えている。

実はスマイルジャックの菊花賞出走にはためらいもあった。適距離は中距離だろうと思っていたからだ。それでもダービー2着馬は、三冠戦に参戦しなければいけない。自分の中の不文律があって、あえて挑戦した。先生も1991年の菊花賞をダービー2着のレオダーバンで制している。自分の思いを感じてくれたように思えた。

馬主との関係

引退後も何回か楽しくお酒を飲む機会があった。印象深い話はメモに残しておいた。そのひとつに、大馬主「トウショウ」の藤田正明氏の馬を預かったときの経緯がある。当時の馬主と調教師の関係がわかる肉声なのでちょっと長いが引用する。

「東京競馬場に厩舎があった頃は、レースが終わったあとによく馬主が顔を出してくれた。厩舎といったってボロ屋だから、冬なんか寒くて。馬主がくれば、火鉢持って行って、座布団入れて。馬主は馬主で、若いスタッフに小遣いくれたりとか。

葬儀での奥平真治先生の遺影。

初めてトウショウの親分が厩舎に顔を出してくれたのもあの頃だった。中島(中島啓之騎手。1974年のダービージョッキー)が同郷で親しかったんでよく話はしてたんだけども、自分から馬を預からせてくれといったことは一度もなかった。むしろ断ってたの。でもその日はたまたま厩舎にいて。『奥平さん、うちの馬、一頭やってくれよ』っていわれたの。こんな汚いところまで来てくれたんだからと思って『わかりました。なんでもいいので今度一頭お願いします』っていったんだ。そういうのが縁さ」

こちらからも自厩舎の話とかいろいろ話をした。

「今時、個人の馬主だけでやってるなんてめずらしいね。でも成績はなかなかあがらんだろ？　そりゃそうだ、走る馬なんか回ってこないんだから。それでもやっていけるんだからたいしたもんだ」

天下の奥平先生からお褒めの言葉をいただいた。自分のやり方を貫いてきたことに誇らしい気持ちがもてた。

そういえばこんなことをいわれたこともあった。

「おまえの話、勉強になるな。冥土の土産だよ」

天国で少しは自分のことも思い出してくれるだろうか？　あらためてご冥福をお祈りしたい。

匠の記憶

昭和な話

2023年7月10日に亡くなった「昭和最後の調教師」奥平真治先生に2016年にお会いして話をしたときのメモが出てきた。

実はそのとき、同録もとらせていただいていた。もちろん「いつか内容を記事にするかもしれません」と先生の許可を得ている。

もう一度聞き直したところ、昭和の競馬シーンに関わる数々の肉声が残されていた。文字起こしして、まとめたものを奥平先生の義理の息子にあたる奥平雅士調教師に見てもらった。

「こういう話はしたことがなかったですね。貴重なものだと思います」

親族でさえ知らない内容も多々あったようだ。奥平雅士師に改めて公表したい旨お願いし、快諾を得た。

いつか使わせていただくつもりで録音しておきながら、亡くなってから公表するというのもたいへん失礼な話だが、奥平真治先生なら天国で「バカヤロウ」と笑いながら許してくれると信じて、一部を掲載させていただく。

まずは、先生が1971年に厩舎を開業し、3年目、ストロングエイトで有馬記念を勝ったときの話。

「ハイセイコーとか、タニノチカラとか強いのがいたんだよ、1973年の有馬記念は。初めてのG1制覇だからうれしかったが、その頃のG1といえば、4歳クラシックの五大競走（注／皐月賞、ダービー、菊花賞、桜花賞、オークス。当時の4歳は今の3歳）と春・秋の天皇賞だよな。それに比べると有馬記念は影がうすかった。戦後にできたやつだから。秋の天皇賞も3200から2000になって当初は格が落ちた感じがした。ずいぶん反対もあったしな。まあ、定着してみれば、それなりにおもしろくなった感じもする」

1973年は自分も学生の頃。あのときの有馬記念の盛り上がりはよく覚えている。それでも五大競走とは格の違いがあったようだ。調教師になった今も、自分の中ではG1は8つしかない感覚がある。

初めての有馬記念奪取で賞金が入ってきた。今では考えられない昭和の労使関係の話。

「賞金が入ってきた。それも全部現金で。騎手と厩務員の分、20％がまとめて調教師に入ってくる。その頃は、『もらってない』ってぼやくのもいるから、早く振り込みになってくれればいいなって、いつも思ってた。

昔のアンちゃんなんか進上金なんかないんだから。全部調教師。そこから先のところで調教師の人間性が出るわけ。もめる厩舎もあったんだよな。片方は払った、片方は払ってない、って。そんな話がよくあったんだ」

人間性うんぬんはともかく、グレーになりやすいシステムだったのも確かだ。当時は競馬界に限らず、一般の会社でも似たような話は珍しくなかった。

平成の大事件

1991年10月27日、秋の天皇賞で大事件が起きる。メジロマックイーンの1位入線後の降着だ。

「メジロマックイーンの天皇賞降着のとき、レース後に裁決室から出てきた当時の裁決委員長がもう震えているわけさ。降着っていう決定を下したあとだったから。そしたらメジロのおばあちゃん(注：北野ミヤ氏)が怒鳴りこんできて。まあ、マックイーンが原因を作ったのは確かなんだけど、つられて他の馬もよれちゃって。繰り上がりで勝った馬も微妙だったんだよな、あのときは。あそこではノリ(注：横山典弘騎手)も悪者になっちゃって。『ユタカが悪い。失格だ』っていったことになってて。本当はそんなこと、いってないんだけど。確かにひどい打撃をくって落馬しかかったらしいけど。当時の理事長におれも『しょうがないよ』っていったんだ。そしたら、理事長が裁決委員長に『いざとなったら奥平先生に相談してこいよ』って。

在りし日の奥平真治先生。当時の横綱・稀勢の里と。

こんな感じで揉め事があると俺の名前が出て来るんだ。なんか困ったときにはなんとかしてくれる、という評判だったんだなあ。当時の理事長はあとあとまで俺のことを信頼してくれた」

あのときの裁決室の雰囲気が史上最悪だったことは関係者からよく聞く。その場にいて何が起こっていたかを、奥平先生が語った貴重な証言だ。同時に、奥平先生が、いかに競馬界から信頼されていたかがわかるエピソードでもある。

貴重な平成のエピソードに、奥平先生からもっと話を聞いておくべきだったと、今更ながら思わないではいられなかった。

50年の重み

きっかけはハイセイコー

「50周年、おめでとうございます」

まずは挨拶させてもらった。基本的に趣味の集まりとはいえ、半世紀続けば本物だ。会の名前は「早大優駿倶楽部」。早稲田大学の競馬サークルの一つだが、誕生は1973年とこの手の組織としては老舗。今日は多くのOBが集まり、区切りの50年を祝う会となった。

1973年はエポックメイキングな年だ。前年にデビューした1頭のサラブレッドが競馬の歴史を変えた。ハイセイコーである。この年、大井から中央へ移籍し、弥生賞、スプリングSを連勝し、皐月賞まで一気に奪取した。「地方出身者が中央のエリートをなぎ倒す」ストーリーが競馬ファンならず、一般の人々を巻きこんで一大ブームを起こした。戦後、競馬の大衆化がもっとも進んだ時期だった。

その熱に本来は馬券購入のできない学生も浮かされた。自分もその一人だ。

当時は1年生で、府中に近いという理由で学校を選び、まんまと学生アルバイトとして競馬場に潜りこんだ。実際にハイセイコーを間近に見て、写真に収めた。

そんなときにできたサークルが早大優駿倶楽部だった。同じ熱狂を味わった世代としては誕生の背景はよくわかる。自分もその後「サラブレッド血統研究会」なるものを学生サークルとして立ち上げた。ただ、馬券には興味がまったくなかったので、その点では方向性が違っていたかもしれない。

早大優駿倶楽部はハイセイコーブームが去ったあとも活動を続け、大学の競馬サークルとして名を馳せた。ＯＢとなった人たちも学生のときに知った競馬の楽しさから離れることなく、社会人となったあとも趣味として続けている。話をしてみると、上場会社勤務、税理士、大学教授と社会的な地位のある人が多い。中には、２０１４年に「黄金の旅路」で馬事文化賞をとった石田敏徳氏のように競馬マスコミで活躍する人物もいる。

今日の会に自分を呼んでくれたのは、自厩舎のイチゴキネンビの馬主・荻野寛雄氏だ。氏が同会で活動していた学生の頃からの知り合いだった。今までも何回か参加させてもらっていた。競馬ファンの集まりということで、自分からすれば市場調査みたいなものだ。こういった人たちがいるおかげで日々の生活ができる。斯界を代表してお祝いを述べさせてもらったといえば大げさすぎるだろうか？

早大優駿倶楽部50周年記念で自分の実況について語る杉本清氏。

名実況

自分以外にも何人かゲストが呼ばれていたが、この日の目玉は、杉本清アナウンサーだった。

数々の名実況で知られている。「後ろからは何にも来ない」（1975年桜花賞のテスコガビー）「菊の季節にサクラが満開」（1987年菊花賞のサクラスターオー）など名フレーズを残した。若い競馬ファンでも聞いたことはあるはずだ。独特の語り口調は杉本節と呼ばれ、ハイセイコーの時代から競馬人気を牽引した影の立役者だった。

そんな杉本氏も2010年頃からは競馬中継の第一線を退いた。今年で86歳となる。

「関西の名調教師・武田文吾師は、シンザンの晩年、いつも引退の時期を気にしていました。そのときに『人も、引き際を見誤るようなことをしてはいけない』といっていました。気がつけば自分もこの年までずるずる仕事を続けてしまい、恥ずかしい思いもしています」

若い頃に聞いた大調教師の言葉を引用しながら、現在の心境を語っていた。

挨拶に立った前述の石田氏は、競馬に関するカルトクイズを用意して出題。1問目に誰も答えようとしないので、半ばチャチャを入れるつもりで自分が即答した。石田氏からは

「こんなに一生懸命考えてきたのに」

とクレームがついた。

代わりに、クイズ大会の賞品に使ってもらえるよう、サイン入りで10冊ほど自著を渡した。手に入れた人は喜んでくれたようだった。

渡した自著の中には、早稲田つながりでかなざわいっせいの追悼本もあった。彼もまた当時の競馬ブームの熱に浮かされ、育成場から競馬マスコミの世界に飛びこんだ若者の一人だった。

世の中のたいていのことは、続けることで価値が出てくる。その意味で50年という時間は大したものだ。最近は優駿倶楽部に入る学生が少なく、新入生の勧誘は、会をあげての課題になっているという。なんとかこれからも続いてほしいものだ。

突然の訃報

信じられない思い

２０２３年8月20日、悲報が厩舎関係者の間を駆け巡った。船橋の調教師、左海誠二師が急逝したのだ。まだ48歳だった。一報を聞いたときは、信じられない思いでいっぱいだった。２０２２年11月に引退し、５月に厩舎を開業したと聞いていた。船橋を代表するジョッキーの転身だし、たくさん勝って大きな厩舎になっていくんだろうな、と思っていた矢先のことだった。

ジョッキーとしてのデビューは１９９３年。以来29年で通算勝利数(地方)は２１７６勝。うち重賞は63勝。押しも押されもせぬ船橋のトップジョッキーだった。

自分が厩舎を開業したのが１９９６年でその年の8月29日に初めて交流競走に使ったのが船橋だった。当時は乗れる若手騎手として名を馳せていた。順調に成績をあげ、トップジョッキーの階段を上っていく。自分も地方交流戦に使いまくっていた頃でその騎乗ぶりもよく目にしていた。「うまいジョッキーだな」という印象をもっていた。

交流戦では、中央の騎手だけでなく、地方の騎手に乗ってもらうことも多かった。

理由のひとつは大学馬術部時代の同級生、上手邦夫氏の存在だった。上手氏は大学卒業後、ＮＡＲ（地方競馬全国協会）に入り、地方競馬教養センターで教官をしていた。当時、名だたる地方競馬の名手たちは彼の教え子だった。

ほかにも理由がある。中央ではいろいろと難しくとも、交流戦ならその地の一流ジョッキーに乗ってもらえる可能性がある。彼らに乗ってもらえれば、たとえ結果は悪くとも、その後馬が変わるということがよくあった。

そんなわけで左海騎手にもチャンスがあれば乗ってもらっていた。こうした縁が凝縮して、２００３年、左海騎手のおかげで厩舎として初の重賞をゲットできた。新潟のＧ３アイリスサマーダッシュをイルバチオで制したのだ。

2003年8月のG3アイビスサマーダッシュの表彰式。左海誠二騎手と。

名手の仕上げ

イルバチオは、父・ロイヤルアカデミーII、母・サーファーガール（母父マナード）の鹿毛の牝馬。入厩したときから、見栄えのする馬体で期待の一頭ではあった。ただ脚下に弱いところがあり、ダートでのデビューとなった。１９９９年８月新潟の新馬戦を皮切りに５戦したものの、その年、勝利はあげられなかった。

明けて２０００年１月。園田の交流戦で初勝利をあげた。背には園田の名手・小牧太。その後７戦して勝利はなく、２勝目は１年後の２００１年１月。同じく園田の交流戦を武幸四郎騎手で勝利。その後、中央でのレースだったが、宇都宮の内田利雄、船橋の張田京、兵庫の川原正一、名古屋の吉田稔といった地方の腕達者たちに乗ってもらった。その間、2001年10月にはまたまた園田で3勝目(騎手は武幸四郎)。園田とは抜群の相性を誇った。

この3勝目をあげた辺りから脚下が固まってきたので、芝が使えるようになった。2002年10月吉田豊騎手で中山の芝1200メートルを制し、芝での初勝利となった。以後芝でも2勝をあげ、オープン入り。

そして2003年7月。新潟のオープンNST賞で初めて左海騎手に乗ってもらった。結果は3着だったが、11番人気だったことを考えれば大健闘といえる。2週間後のG3関屋記念。新潟の芝1600メートルを同じく左海騎手で臨んだものの、末脚届かずの5着。いくぶん距離が長い感じもしたので、次戦を中2週の直線1000メートル、G3アイビスサマーダッシュとした。乗り替わりの話もなくはなかったが、自分としては地方競馬への思いもあり、そのまま左海騎手に乗ってもらうことに。レースでは見事な騎乗ぶりで1着に輝いた。長年親交のある馬主の柴原榮氏にとっても久々の重賞制覇となった。

ここまで44戦を要している。地方の名手たちに鍛えあげられ、磨きに磨かれ、最後に左海騎手が仕上げてくれた。自分にとって初重賞制覇をこういう馬と騎手で達成できたのが、何ともうれしかった。

あれから20年。まさか自分よりはるかに若い左海師がこんなに早く亡くなるとは予想だにしなかった。調教師としてこれからも地方競馬を盛り上げてくれるものと信じていたのだが…。ご冥福をお祈りしたい。

縁と運の重賞初制覇

感謝の言葉

2023年10月15日東京5日目9RのJG2東京ハイジャンプを青木孝文調教師がマイネルグロンで制したとき、同師から重賞初勝利を告げるメールが来た。

青木師は小桧山厩舎スタッフから調教師になった第1号。厩舎で働いていた時代には、頑張ってもらった。メールには「先生のおかげです」とありがたい感謝の言葉が記されていた。

青木師は、2015年調教師免許取得で、2017年開業。今回の初重賞制覇まで6年、1714戦（JRAの記録のみ）を要した。自分も2003年のG3アイビスサマーダッシュをイルバチオで初重賞制覇するまで厩舎開業から7年かかった。喜びもよくわかる。

青木師にとって、世話になったマイネルの馬で勝てたことも感慨ひとしおだろう。出身母体への恩返しにもなっただろうから。自分も長年付き合いのあった馬主・柴原榮氏のイルバチオで勝てて、うれしいと同時になんだかホッとしたのを覚えている。

青木師は特に競馬関係者が周りにいる環境で育ったわけではない。地元の高校を卒業すると、そのままBTC(軽種馬育成調教センター)に入学した。BTC出身者では初の調教師となる。

BTCはJRAが設立した公益財団法人で育成調教技術の改善・普及を目的に作られた施設だ。北海道・浦河町にあり、屋内馬場を含む何本ものトラック、坂路やウッドチップコースなどが備えられている。その規模は美浦や栗東に次ぐ。入学者はここで1年間、育成調教技術を学び、卒業後は牧場や育成場へと就職する。1学年は20人と狭き門だ。馬について素人の若者が調教のプロになるための最高の環境が用意されている。

青木師はここを卒業し、マイネルのビッグレッドファームに就職。育成の仕事を経験したのちに、JRA競馬学校厩務員課程に入学。伊藤正徳厩舎を経て、2014年、縁あって小桧山厩舎へとやってきた。伊藤正徳氏とは親しかったので青木師のことはそのときから知っていた。真面目な仕事ぶりに注目もしていた。

スタッフの移籍にはタイミングがある。出す側の事情もあるし、受け入れ側も空きがなければ取れない。その点では縁と運があったとしかいいようがない。

積み上げた経験値

移ってきた時点で、すでに青木師は調教師試験を受けており、1次試験に合格した経験もあった。

小桧山厩舎では、毎朝、仕事前、大仲でスタッフと打ち合わせがある。まあ、実態は冗談を飛ばし合うバカ話が大半なのだが、そんな中で青木師は一人黙々と調教師試験の勉強をしていた。聞けば「やらないととても受かりませんから」という。その姿を見て「全力で協力してやろう」と思った。

自分も初めて調教師試験を受けて10度目で合格している。よくも落ちまくったものだとは思うが、いまだになんで受かったのかはわからない。

特に2次試験の面接は、当時は、いじめではないかと思うような信じられない質問が来た。悪夢としか思えなかった。ちなみに今は第三者の立会いがあり、面接官もそうそう理不尽な質問はできない。とはいえ難関であることに変わりはないが…。

ただ落ちまくったおかげで経験値ができた。なんとなくだが、面接官の質問にある種の傾向も感じた。青木師とはいろいろな話をしながら、役に立つかもしれないと思い、それらを伝えていった。

とはいえ、青木師の調教師合格まで、自分が何かをしたというわけでは決してない。ひとえに師の才能と努力の賜物である。環境を整えることはある程度はできる。アドバイスのような言葉も多少はかけられる。それでもつまるところ、その環境を生かし、かけられた言葉を消化して、どう自分のものにしていくかは本人の問題だ。その点ではこちらはちょっと背中を押したに過ぎない。

青木師に重賞初制覇をもたらしたマイネルグロンは8番人気だった。自分がイルバチオで勝ったときも6番人気。低評価で勝つのは小桧山厩舎伝統の御家芸のようなものだが、なかなか大変だ。ただ、縁と運を大切にやってきた結果でもある、と感じている。今回のマイネルの馬での重賞初制覇は、青木師がそれを受け継いでくれたような気がして自分も幸せな気持ちになれた。本人にはありがたくないかもしれないが、師匠としては「免許皆伝」といっておこう。

自厩舎からは、ほかに二人、調教師が出ている。2020年開業の小手川準師と2022年開業の堀内岳志師だ。二人からも中央重賞初勝利のうれしい便りが届くのを、気長に待ちたい。

競馬界の二刀流

スーパーマン

理事長特別表彰の件(62ページ参照)で、いろいろな人から祝福の言葉をもらった。気恥ずかしい限りだが、今後はもう無いことだと思うので、素直に受け取っている。

今回の理事長特別表彰の受賞者はもう一人いる。11月11日に引退した熊沢重文騎手だ。

１９８６年に騎手デビュー。翌１９８７年には障害騎手としても初騎乗を果たしている。１９８８年にはコスモドリームでオークスを制覇。代打騎乗でかつ減量騎手のままＧ１を制してしまった。20歳３ヶ月でのＧ１制覇は当時の最年少記録。１９９１年には最強馬メジロマックイーンを有馬記念で撃破して２度目のＧ１制覇。当時の有馬記念レコード勝ちのおまけ付きだった。13番人気での勝利に「世紀の番狂わせ」と話題になった。

通常、Ｇ１勝ちのある騎手が、引き続き障害に乗ることはない。平地と障害では事故のリスクがあまりに違う。ところが熊沢騎手はその後も障害レースに乗りつづけ、平地でも障害でも重賞を含めた勝ち星を積み重ねた。その間、4度も最多勝利障害騎手となる。2005年にはテイエムプリキュアで阪神ジュベナイルフィリーズを制し、G1・3勝目をあげた。2012年には障害G1となった中山大障害を制し、障害でのグレード制導入後、初の平地・障害両方でのG1制覇を成し遂げた。

自厩舎の馬に乗ってもらう機会は少なかったが、自分にとってはずっとリスペクトしてきたレジェンドジョッキーの一人だ。障害レースは平地のレースより何倍も体力を使う。1レース乗ればヘロヘロになるのが普通だ。障害のあと、何レースも平地のレースに騎乗するなどとは考えられない。舌を巻くスーパーマンぶりだ。そんな騎手は熊沢重文ひとりしかいない。「すごい」の一言しか言葉が出ない。

2022年2月、障害での落馬事故で重傷を負う。かなりの怪我だったので心配していたが、1年後の2023年2月に復帰。ダイハードぶりを見せつけた。それでも6月に再び落馬し、負傷。残念ながら騎手としての復帰はかなわず、通算勝利数1051勝(JRA騎乗のみ。うち障害レース257勝は歴代1位)の素晴らしい成績を残し、11月11日に引退となった。

実はこの日、出走はなかったにも関わらず、京都競馬場に赴いた。熊沢騎手の引退セレモニーを自分の目で見たかったからだ。

「あれ？　今日、出走、ありましたっけ？」

ＪＲＡの京都競馬場のスタッフに見つかり、声をかけられた。同セレモニーを見にきた旨を告げると、呆れた目で見られてしまった。

平地と障害、両方で稀有の成績を残した。おそらく今後現れることがまずない不世出の騎手だろう。まさに競馬界の二刀流だ。

タッチの差

同じ理事長特別表彰とはいえ、熊沢騎手と自分では、成したことにあまりに差がありすぎて面映ゆい。こちらも調教師ともの書きの二刀流ではあるが…。

確かにもの書きは素人だが、執筆や撮影が自分から遠いところにあったわけではない。人生を振り返れば、実はタッチの差だった。

１９７７年、当時、働いていた北海道の種馬場の組織変更に伴い、次の仕事を探すことになった。たまたま北海道に来ていた福島の今泉牧場の場長に「うちに来れば？」と誘われた。当時、同牧場は育成も行っており、乗り手を探していた。

今泉牧場には大学生のときから出入りしていたので、行ってみようかと考えた。

翌日、やはり北海道に来ていたサラブレッド血統センターの白井透氏からも熱心に誘われた。大学時代に同社でカメラマンとして働いていたし、種馬場でも写真は撮り続けていたので、このままカメラマンになる方が自然かなとも思われた。

今泉牧場の方には丁寧に断りの連絡を入れた。

「もう、決めちゃったからダメだよ」

あっさりいわれた。仕方なく、白井氏に話をし、カメラマンへの道を断念した。

今泉牧場で、競走馬の調教をつけ、その後ＪＲＡに入り、調教助手から調教師となった。わずか1日違いで運命は別れた。

引退が見えてきた残り10年で連載記事をもつようになったのも、あの日、マスコミに行こうとしていたもう一人の自分に対するけじめなのかなとも思う。それが特別表彰につながるなんて神様の粋な計らいに苦笑いするしかない。

心温まる引退式

最後の最後

小柄な体が宙を舞う。取り巻く人々はみな笑顔だ。寒空の中、見守る誰もがほっこりとした。好漢・田中勝春騎手の引退式である。

2023年最後の中央競馬、G1ホープフルステークスが行われた12月28日、1レースから大勢のファンがつめかけていた。G1以外に、「田中勝春、最後の騎乗」が話題だった。1レースは1番人気で鮮やかな逃げ切り。続く2レースでは熟練の技で5番人気の馬を1着にもってきた。とても今日引退する騎手とは思えない。

「連勝なんて、いつ依頼?」

本人に直接聞くと

「記憶にないなあ」

とにっこり笑って答えてくれた。

田中勝騎手とはずっと仲がいい。関東の一流騎手の中では比較的よく乗ってもらった。騎手と調教師の関係というよりは、仲間のような感覚だ。こちらのつまらない冗談(いじり?)にいつもつきあってくれる。誰からも愛されるキャラクターであることは間違いない。

ただその笑顔の裏には、一流騎手の凄みも隠れている。若くしてG1ジョッキーとなり、常にリーディングの上位を賑わせていた。ここ数年は騎乗馬に恵まれず苦労していた。それでも通算勝利数は1800を超え、現役では5位だった。

競馬学校の2年先輩に武豊騎手がいる。若いときには田中勝騎手の騎乗ぶりを認めていた、と引退式でも語った。稀代の天才騎手をしてここまでいわしめた田中勝騎手もやはり天才。自分の中では一番しっくりする同騎手の評価だ。

どうしても最後のレースに乗ってもらいたくて、シニア限定馬・ブランデーロックを用意した。同馬の前走は柴田善臣騎手による鮮やかな追い込みでの勝利だったから、引き続きの騎乗依頼が当然だが、同騎手に打診すると快く乗り替わりを了承してくれた。

迎えた第12レース・2023ファイナルステークス。今年最後のレースに、最後の騎乗となる田中勝騎手。

盛り上がらないわけはない。ブランデーロックは6番人気。カツハル人気ゆえの結果だろう。いずれにせよ、後ろから行く馬なので、最後の直線でどんな騎乗を見せてくれるか、楽しみだった。

道中は例によって離れた最後方。直線で後続に追いつき、ここから鬼脚炸裂を期待したが、なにやら手応えが怪しい。いつもの行きっぷりが見られず、後続集団に混じったまま14着でゴール。

「いつもはハミをとる馬なんだけど、今日は全然反応がなくて。直線では思わず笑っちゃいました」

引退式で最後の騎乗を振り返った同騎手。

競馬だからこうしたことは起こりうる。苦笑いの方の「カッチースマイル」を引き出してしまったブランデーロックに、こちらも苦笑するしかなかった。

機中で遭遇

時効ということでいいかなとも思うので、田中勝騎手との秘話をひとつ。

2015年、沖縄に向かう飛行機で同騎手に遭遇した。お互いに「何やってんの?」と顔を見合わせる。

そのとき、同騎手は騎乗停止中。たまたま沖縄で行われた琉球競馬のイベントに関係者がいて、気分転

2015年、沖縄の琉球競馬で見せてくれたカッチースマイル。

換に誘われたらしい。自分も同イベントを取材する予定で飛行機に乗っていた。同騎手が来ることはまったく知らなかった。

急遽イベントにも参加、琉球の民族衣装を着て日本在来馬「与那国馬」に乗って登場。琉球競馬独特の速歩レースに、カッチースマイルを振りまきながら参戦した。騎乗姿が絵になっている。千両役者ぶりに思わずカメラを向けた。沖縄の太陽にも負けない、爽やかな笑顔が撮れた。自分のお気に入りの1枚として2023年に出版した写真集にも載せた。

「騎乗停止中の騎手が沖縄の草競馬に参戦」ということでジョークとしてはこれ以上ないくらいおもしろかったが、公にしていいものかどうか。まあＪＲＡも後援するイベントだったので、ギリセーフ、というところだった。

今後は調教師としての新たな人生が始まる。自分と入れ替わる形だが、どんな活躍をしてくれるのか、今から楽しみだ。

騎手の人生

神様の言葉

「コビさんも一緒に撮らない？」

神様から声をかけられた。断るわけがない。2024年2月18日、東京競馬場の検量室前。声の主は武豊騎手。前日に引退セレモニーを終えた藤井勘一郎・元騎手と写真を撮ろうとしていたときのことだ。笑顔の2人と自分との3ショット写真となった。

藤井氏ほど波乱万丈の騎手人生を送ったジョッキーはいない。

厩舎とは無関係の家の出ながら競馬の世界に憧れ、競馬学校進学を検討したが、身長が受験資格を満たせず断念。1999年、15歳でオーストラリアに渡り、2001年見習騎手として現地でデビューする。その後は豪州はもとより、シンガポールなど各地でライセンスを取得。国をまたいで騎乗。2012年からは韓国に腰を据え、2013年にはコリアンダービーを制し、同年韓国通算100勝を記録した。

2015年には日本の地方競馬の短期騎手免許を取得。北海道、大井、川崎などで活躍した。2018年には念願のJRA騎手免許を取得し、2019年に阪神競馬場でデビュー。「逆輸入ジョッキー」として注目を浴びた。2020年にはアブレイズでG3フラワーカップを制して重賞初制覇。その後も順調な騎手生活を送っていたものの、2022年に暗転。福島で落馬事故に遭い、重傷を負う。脊髄を損傷して車椅子生活を余儀なくされた。それでも復活を目指してリハビリに励む。懸命な努力を続けるも回復が思わしくなく、2024年2月、ついに引退を発表した。

ただ、引退後も馬に関わる仕事は続けていくという。

まさに山あり谷ありの人生だが、吹っ切れたのか、その笑顔はどこまでも爽やかだった。

「二人は引退だけど、僕はまだ現役だから」

神様がおっしゃる。藤井氏は難しい決断の上での引退だが、こちらは定年でいなくなるだけで大した引退ではない。悔しいので

「俺は勇退だよ」

といい返した。勇気は関係ない引退なので言葉としては不適切かもしれないが…。

あと10年

藤井氏のケースだけでなく、落馬は騎手になった以上避けられないが、重いか軽いかで、その後の人生は変わってしまう。あらためて命がけの職業であることを痛感する。

前日の17日にも横山武史騎手が落馬事故に遭っていた。落ちてから踏まれたりとかなりの事故に見えた。その後、父の横山典騎手と話す機会があり、心配していた。結果的に軽傷で済んだものの、一つ間違えば騎手生命が絶たれたかもしれない。

横山典騎手とは昔から親しいが、お願いがあって話しかけた。実は引退後の仕事として、親しい仲間たちと私家版「日本ダービー100年史」を作りたいと考えている。2023年が第90回だからここから10年かけて編集していくつもりだ。10年後、つまり80歳まで元気で過ごそう、という自分への「喝」でもある。

「ダービー100年史を作りたいから、今度じっくり話を聞かせてよ。2度も勝ってるんだから」

横山典騎手に頼むと、予想外の言葉が返ってきた。

「100回ダービーなら、俺、乗るつもりだよ」

返答にのけぞったが、横山典騎手なら「ない」とはいえない。10年後は66歳。大井の的場文男騎手が67歳

藤井勘一郎氏、武豊騎手と。東京競馬場にて。

でまだ現役だから、十分ありうる。

現にその翌週の中山記念をマテンロウスカイで勝った。56歳での重賞制覇と鉄人ぶりを見せつけた形だ。

この時点では知る由もないわけだが、２０２４年5月、56歳の最年長で3度目の日本ダービーを制覇。１００回ダービー騎乗が冗談でもなんでも無いのがわかった。

藤井氏との3ショットを撮り終えた後に、同じ頼みを武豊騎手にもした。

「わかりました」

と二つ返事が返ってきた。

「ノリにも同じ話をしたんだけど、『１００回ダービーも乗る』っていうんだよ」

「ノリさんならありうるなあ」

「ユタカちゃんはどうなの?」

「がんばります」

苦笑いをしながら答えてくれた。

横山典騎手も武豊騎手もなんども落馬事故を経験している。それを乗り越え、五十路を迎えて今も乗り続けている。レジェンド二人が乗る第100回日本ダービーを思い描くだけでワクワクしてくる。

波乱万丈の騎手人生を終え、新たな道へと歩み出した藤井氏はまだ41歳。第100回ダービーまでは楽勝だろう。70歳の定年を迎えた自分は、何はともあれあと10年、生き延びてその日を迎えたいと思っている。

レジェンドはレジェンドを知る

衰え知らずの「鉄人」

「長い間、ご苦労さんでした」

4年ぶりに声をかかけていただき、緊張する。恐縮至極だ。

日本は八百万の神の国。競馬界の神といえば「武豊」だが、他にもいる。目の前にいる人物もその一人だ。現役の時のニックネームは「鉄人」。佐々木竹見氏である。

騎手を引退して24年になる。今更その実績を記すのも憚られるが、若い競馬ファンは知らないかも、と思い、あえて書かせてもらう。川崎競馬に所属し、南関東を主戦場に地方競馬でなんと7151勝をあげた。地方は平日も開催されるとはいえ、武豊騎手が4486勝(2024年3月8日現在)だからとんでもない数字だ。逃げを得意戦法にしており、佐々木氏が逃げれば、まず勝利は固かった。

そんな佐々木氏も今や83歳。ご高齢ともいえるが、まったくそれを感じさせない。実は2020年にもお会いしたのだが、肌ツヤなどそのときより良くなって若返った印象を受けた。喋り方も話す内容も衰えを感じさせない。今でも馬に乗って走れるのではないかと思えるほどだ。

今日の集まりを企画したのは、西山牧場阿見分場の場長、本間茂氏。元・川崎のトップジョッキーで佐々木氏との親交も厚い。自分と同じ歳で、調教師と育成場場長との関係を超えた気のおけない仲だ。自分への慰労も兼ねているものの、実際は「レジェンド・佐々木竹見氏を囲む会」だ。ほかに大井の辻野豊調教師、ＪＲＡの清水英克調教師などが参加していた。

「遅れてすいません」

店にもう一人レジェンドが入って来た。自分と同じく２０２４年で引退する中野栄治氏。１９９０年のダービーをアイネスフウジンで制し、東京競馬場で20万人の「ナカノコール」を受けた伝説のジョッキーだ。府中にこだましたファンの歓声は、競馬史の転換点ともなった。

調教師としては同じ年に免許を取得した同期となる。会えば延々とくだらない冗談を飛ばし合う、こちらも気のおけない仲だ。

佐々木氏の隣に座ってもらった。こうして親しく会うのは初めてなのだそうだ。いつもは明るくて陽気な中野氏が、見たこともないぐらい緊張している。

2人のレジェンド。中野栄治氏（左）と佐々木竹見氏（右）.。

「お会いできて感激です」

挨拶もそこそこに佐々木氏と固い握手を交わす。感無量の面持ちで言葉を交わす中野氏。レジェンド2人の邂逅にこちらもぐっとくるものがある。

聞けば、中野氏は父親が大井競馬の調教師で、佐々木氏は騎手になりたいと思ったときからの特別な存在だったそうだ。いわば佐々木氏に憧れてこの世界に入ったとのこと。佐々木氏がいなければ、あのナカノコールはなかったのかと思うと、競馬の世界の不思議な絆を感じる。

粋な計らい

「今日、二人に会えるというんで、持って来たんだ」

佐々木氏が見せてくれたのはスポーツ紙の切り抜き。中野氏と自分の引退を取り上げた記事だった。それを見せてもらい、中野氏ともども恐縮するとともに、こんなレジェンド中のレジェンドが自分たちの引退に注目してくれたことに改めて感激した。

佐々木氏との直接的な出会いは25年前に遡る。場所は今はなき島根の益田競馬場。その日は佐々木竹見騎手と武豊騎手を招き、2人のレジェンドジョッキーの直接対決をメインにした特別な日だった。自分は使う馬もいないのに、佐々木氏のバレット役をかって出ていた。装鞍所で佐々木氏の鞍を置いていると、「僕のも置いてほしいなあ」と武豊騎手がいう。今では忘れられない思い出の一コマだ。レースでは佐々木氏が鼻差勝利して貫禄を示した。

「あのときはひどい土砂降りだったよね」

佐々木氏もよく覚えてくれていた。

目の前で佐々木氏とお酒を酌み交わしながらも正座して話を聞く中野氏。偉大な師匠を前にした弟子といった面持ちだ。普段の中野氏を知る自分としては、笑いをかみ殺さざるを得なかった。同時に、心の奥で感動もしていた。レジェンドはレジェンドを知る。そんな思いにとらわれた。これも競馬の世界に長いこと身をおき、28年間も調教師を続けて来れたからこそ、見られるシーンだ。天の粋な計らいに改めて感謝した。

老舗牧場の歴史

初めての口取り

「袖すり合うも他生の縁」とはいうが、偶然の出会いほど、おもしろいものはない。過日も思わぬ人に会い、興味深い話をたくさん伺った。

まだ現役だった２０２３年９月のこと。札幌馬主協会の懇親会があり、自厩舎で世話になっていた馬主さんが呼んでくれた。牧場の経営者で、獣医さんでもあるという年配の馬主さんと席が隣り合わせになり、ふとしたきっかけで昔の日高の話になった。

「ここまで昔の話が理解できる調教師さんに初めて会いました」

ＪＲＡに入る前から日高とつながりをもち、調教師になってからも中小の牧場をメインに付き合わせてもらっていたので、ひと通り、同地の歴史は知っていた。

馬主さんの名前は上水典明(かみみずのりあき)氏という。北海道・静内真歌でキヨタケ牧場を経営して

1979年1月15日、東京の新馬戦に勝利したキリュウホープ。一番左が自分。

いる。

上水氏との話のきっかけは半世紀前に出会った1頭の馬だった。名前はキリュウホープ。1976年生まれで美浦・高橋英夫厩舎にいた。12戦3勝で特に目立つような成績ではない。ただ自分にとってはしっかり記憶に残っている。初めて口取りをさせてもらった馬だからだ。

当時、福島の今泉牧場で調教スタッフとして競走馬たちに稽古をつけていた。そのうちの1頭が東京の新馬戦で走るというので応援に行った。

応援に行ったからといって、そうそう勝てるものではないが、そのときは見事1着。自分が調教した馬の勝利に出会えるのは、なかなかの幸運だった。

詳しい経緯は覚えていないが、馬主さんが口取り写真の撮影に入れてくれた。馬主さんの名前は、笠木政彦(かさぎまさひこ)氏。1919年開業の名門・本桐牧場のオーナーで、二冠馬・トキノミノルの生産者だった。

トキノミノルは無敗で、皐月賞、ダービーを勝ったが、その直後、破傷風で急逝したため、「悲運のダービー馬」といわれる。2月に行われるクラシックの登竜門「G2トキノミノル記念・共同通信杯」にその名を残す名馬だ。

笠木さんの名前が出たあたりで、話はさらに盛り上がっていく。

同氏は海外から個人で種牡馬を輸入し、近隣の牧場主などと種付けの権利をめぐってシンジケートを組んでいた。

同氏が輸入した種牡馬にホープフリーオンがいた。この馬のシンジケートの窓口を笠木氏に頼まれてやっていたのが上水氏だった。

当時、自分も日高の種馬場で働いており、ホープフリーオンは見ていたので、同馬の話でひとしきり盛り上がった。

勘違い

上水氏とホープフリーオンや昔の日高のシンジケートの話で盛り上がったのには訳がある。笠木氏の馬だったキリュウホープの「キリュウ」は「本桐」の「桐」から、「ホープ」は父のホープフリーオンの名前から来ていると信じていた。さらには、シンジケートを仕切っていたのが上水氏ということを知り、キリュウホープはキヨタケ牧場の生産馬、と勝手に思いこんでしまった。

思いこみとは恐ろしいものである。恥ずかしながら、この話は根本的に間違っていることが後日判明した。まずキリュウホープは、当時の種牡馬ラディガの子だった。しかも生まれは千葉県で、同地の生産者の手による馬だった。ホープフリーオンも上水氏もまったく関係ない。勘違いしたまましゃべっていたのである。

そのうちパーティーもお開きの時間になった。正直、お互いに語り足りない雰囲気だったので、後日、キヨタケ牧場にお邪魔することを約束して別れた。引退とその後のドタバタでなかなか約束を果たせないまま時間だけが過ぎたが、2024年8月の初め、ようやく機会を得た。

尾形藤吉も認めた「腕」

北海道・新ひだか町静内真歌の一帯は、静内川に沿う形で牧場がずらりと並ぶサラブレッド生産の中心地の一つだ。キヨタケ牧場もその一角にある。決して規模は大きくないが、老舗牧場としての佇まいを残している。

同牧場のオーナー・上水典明氏に昔の日高や牧場などについてのお話をお伺いすべく、同地を訪れた。

「牧場の開場は1961年。名前は1959年の桜花賞を制したキヨタケから取ったんですよ」

上水氏は語る。

その「キヨタケ」は牧場の出資者で同馬の馬主になる予定だった清峯隆氏の「キヨ」と、主戦騎手で桜花賞を勝った蛯名武五郎の「タケ」から取った名前だった。

典明氏は同牧場の2代目にあたる。自身は開業獣医の代診として中山や白井で活躍していたが、父親に呼び戻されて牧場を継ぐことになった。

牧場の初代オーナー・上水正市氏は、元・騎手だった。戦前、名門・稲葉秀男厩舎に属し、活躍していた。兄弟子には藤本冨良師（元・騎手で歴代3位のJRA通算勝利数1339の記録をもつ昭和の名調教師)がいた。正市氏は小柄ながらも腕達者で、大調教師・尾形藤吉師からも「当たりが柔らかく、ひっかかるような難しい馬を御すのがうまい」と評されたほどだった。

ただ体重が40キロとあまりに小さく、斤量戦では20キロ以上の重りを背負わされた。当時は60キロ、65キロのハンデは珍しくなかったからだ。これだけの重りを背負わされると、技術うんぬんの前に思うように体が動かせない。体にも負担があり、悩んでいるときに兄弟子の藤本師から誘いがあった。

「大川さんが八戸に牧場を作るということだ。行ってみたらどうだ?」

そこで免許を返上して行ったのが、戦前・戦後を通じて大牧場として名を馳せた大平牧場(戦後は「タイヘイ牧場」)だった。

貴重な証言

大平牧場は1936年に大川義雄氏が青森県・八戸市の鮫町に開場した牧場だった。太平洋を望む丘陵地帯に広大な敷地を持ち、活躍馬を輩出していた。当時の大牧場、千葉の下総御料牧場、岩手の小岩井農場に次ぐ名門牧場だった。

キヨタケ牧場を営む上水ご夫妻と。

「大平（タイヘイ）」の名は、オーナーの大川義雄氏の父親の大川平三郎氏に由来する。大川平三郎氏は「日本の製紙王」といわれ、日本で初めて西洋式の製紙技師となった人物である。明治から大正・昭和にかけて一代で財をなし、大川財閥を作った立志伝中の人物だ。

ちなみに平三郎氏は、新一万円札の肖像になった渋沢栄一の書生で、その娘を妻にめとった。牧場を作った義雄氏は渋沢の孫にあたる。

大平牧場は名門一家が経営する大牧場で、施設も立派だった。東北巡幸に来たときの昭和天皇が牧場内の宿舎に泊まったこともあったという。

ちなみに義雄氏の次男はのちに競馬評論家になった。「競馬の神様」といわれた大川慶次郎氏である。

上水正市氏は、騎手引退後、この大平牧場の育成主任となった。一家もそこに引っ越し、典明氏も幼い頃、同地で育った。

「牧場には、1周1600メートルの馬場がありました。坂路といってもいいような傾斜のきつさでしたね。馬はそこを駆け上っていました。牧場の真ん中あたりに大きな池があり、クールダウンを兼ねて、よく馬を泳がせていましたよ」

こともなげに語る典明氏。戦前に坂路やプールのある牧場があったとは度肝を抜く貴重な証言だ。活躍馬を輩出したのも当然だったかもしれない。

戦後、GHQによる財閥解体が行われ、大平牧場も大川財閥の手を離れた。当時、育成主任の正市氏とタッグを組んでいた獣医師で場長の六郎田雅喜氏が、大平牧場を「タイヘイ牧場」と改め、跡を継いだ。

1959年にキヨタケが桜花賞を勝つ。上水正市氏は、この馬を繁殖牝馬として手に入れ、北海道・静内の神森にキヨタケ牧場を開いた。1961年のことだ。さらに1975年に採草地だった今の真歌に場所を移し、生産を続けてきた。比較的最近の生産馬としては2015年のG1ヴィクトリアマイルで3着に入ったミナレット、2015年のG2セントウルSの3着バーバラがいる。

上水氏の話はおもしろく、あっという間に2時間半が経った。結局またも聞き足りない感じになってしまった。今回も後ろ髪を引かれる思いで同牧場を後にした。

あくなき挑戦

瀟洒な厩舎

キヨタケ牧場から車でわずかに海側に進むと、同じ静内真歌の地に赤と白を基調にした、瀟洒な厩舎が見えてきた。厩舎だけでなく事務所などの建物はすべて同じデザインで統一されており、、放牧地を含め、敷地全体が周囲の牧場と異なる雰囲気を漂わせている。まるでヨーロッパの牧場にいるような錯覚を起こさせる。日高の牧場とは思えない。

「やあ、いらっしゃい」

80に近いはずだが、年齢を感じさせないパワフルなオーラが体からにじみ出ている。「生産牧場の猛者」といった趣は昔から変わらない。仕事の途中だったのか、厩舎から出てきた飛野正昭氏が元気な姿を見せてくれた。

牧場は開場してすでに半世紀以上が経つが、２０１９年、初めて中央のＧ１を制した。それもＧ１中の

G1、日本ダービーである。

「将来、ダービーをとる！」と日高の牧場主はみな一様に口にするが、その夢を実現できた人はほんの一握りだ。しかも大牧場全盛のこの時代に中堅以下の牧場がダービーを制するなど夢のまた夢だが、現実に起きてしまった。令和最初のダービーを当時の日本ダービーレコードで勝ってしまった第86代ダービー馬・ロジャーバローズは飛野牧場で生まれた。

牧場主の飛野正昭氏とは、自分が学生のときからの知り合い。残念ながら生産馬を預かったことは一度しかなかったが、調教師時代もセリの会場などで会えばいろいろな話をしていた。

「大牧場にはお金では勝てない。別のもので勝つしかない」

と闘志を燃やす姿に並々ならぬものをいつも感じていたが、まさか本当に実現してしまったのには驚いた。

名門牝系

ロジャーバローズへと直接つながる出来事は、12年前だった。1頭の繁殖牝馬をイギリス・ディセンバーセールで購入したのである。それがロジャーバローズの母・リトルブックだった。

リトルブックはただの輸入牝馬ではない。4代母にアイルランドの名品フェアアストロノマーをもつ16―f族というヨーロッパの名牝系の出なのだ。実は海外でも、日本のダービー馬がヨーロッパの名牝系の一族から出た、ということで話題になっていた。

この牝系に属するドナブリーニにディープインパクトをつけて生まれたのがジェンティルドンナだった。リトルブックにディープインパクトをつけて生まれたロジャーバローズは8分の7、ジェンティルドンナと同じ血統構成をもつ。ダービーでは93倍の12番人気とレース前は低評価だったが、ダービー馬にふさわしい血統背景をもった馬だったのである。

もちろんこの血統構成は飛野氏が最初から狙っていたものだ。「大牧場に勝つにはそこから生まれた名馬に血統を近づける」というのを一つの戦略にしていた。

飛野氏の血統に関する研究には頭が下がる。牧場を開場してから先、常に勉強していた。また若い頃は社台の総帥・吉田善哉氏にかわいがられ、一緒に世界中の種牡馬、名馬を見て回った。血統に関して蓄積してきたものは半端ないレベルだ。ロジャーバローズはそれらが結実して現実となった馬だ。一朝一夕にダービー馬など生まれやしない。

「リトルブックはディープインパクトを付け続けたが、2年間は不受胎などで子が出なかった。2016年に

インタビューを終えた飛野氏と。飛野牧場にて。

生まれた待望のディープインパクト産駒がロジャーバローズだった。」

種付け料の高いディープインパクトを付け続ける根性もすごい。飛野氏は昔から必要な投資はいっさい惜しまず、牧場経営にかけてきた人だった。

「生まれた時から1頭抜けていた印象だった。貫禄というか、みんなを支配する雰囲気があった。でも人には従順で賢い馬だった」

馬は良かった。だが、それだけではダービーはとれない。

「運も大事。ダービーは、その馬に関わった人がみんな運が良くないと勝てない」

投資し続ければ必ず結果が伴うとは限らない。それが馬の世界だ残念ながらロジャーバローズは、２０２４年6月にわずか8歳で急逝してしまった。産駒は飛野牧場にもいるものの、いかにも数が少ない。種牡馬シンジケートも組まれていただけにかなりの痛手だ。

とはいえ、気力の面で飛野氏に衰えは見られない。エネルギッシュなその姿は往時のままだ。いずれまた、快挙を果たす日がやってくるかもしれない。

第 5 章

Note of My Horse Research

馬事文化探訪

コロナ明けの草競馬大会

久々の観戦

早朝5時。ひと気のない海岸に最初の馬運車が入ってきた。臨時馬房が並ぶ一角へと向かう。海に面した砂浜のコースにはすでに埒(らち)が設けられ、ブルドーザーが止まっていた。これでコースの整備をするのだろう。静岡県牧之原市さがらサンビーチでは午前10時の草競馬大会開会に向けて、準備が始まろうとしていた。

さがら草競馬大会は、砂浜の周回コースを走るユニークな馬イベントだ。1975年に始まり、2023年で45回目となる。2020年、2021年はコロナで開催中止。2022年はなんとか開催にこぎつけたものの、荒天もあって観客は少なかった。実質的にコロナ明けとなる2023年は1万人以上の観客が見こまれている。

前回来たのは2016年のことだったので7年ぶりだ。牧之原市商工会会長を長く務めた地元の名士で大会実行委員長・本杉芳郎氏に呼んでいただいた。同氏は小桧山厩舎の古い馬主さんで、20年以上の親交がある。

今回は同行者がいた。美浦トレセン近くの育成場・井ノ岡トレーニングセンターの江川聡子氏だ。小桧山厩舎の馬主・江川伸夫氏の娘さんで、同センターの経営者でもある。馬イベントにも関心があり、来年以降、可能であれば馬をもってきて参戦したいという。そこで「下見をしたい」というので連れてきた。赤ん坊のときから知っているので、こちらは「親戚のおじさん」のつもりでいる。

朝のうちは薄曇りだったが、太陽が昇るに連れ、晴れ間が広がった。海もたちまち青さを取り戻し、白砂青松へと景色が変わる。午前10時、会場には地元グルメが食べられる出店やキッチンカーがならび、気づけば多くの人が集まっていた。

開会式が始まる。冒頭は大会実行委員長である本杉氏の挨拶から。

「実は2023年3月、この草競馬大会に騎乗していた小学生の子がプロの騎手になり、美浦の小桧山厩舎からデビューしました」

のっけから佐藤翔馬の話になった。観客から拍手が起こる。ありがたいことだ。

7年前、ここで小学生だった翔馬に会った。達者な騎乗ぶりに驚き、「将来騎手になりたいのならうちにおいで」と声をかけた。とはいったものの、本当に騎手になれるかどうかはもちろんわからなかった。それが今、JRAの競馬場を走っている。関係性のルーツはここにあった。

様変わり

挨拶を終えるとカメラを片手にあちこち歩き回った。

コースは1周700メートルの左回り。1コーナーから2コーナー、3コーナーから4コーナーは角度が急だ。ホームストレッチとバックストレッチの直線は250メートルとそこそこ長いので、どうしてもスピードが出る。そのまま突っこむとバランスを崩しやすい。

人の賑わいは7年前と変わらない印象だが、馬の数が少ない。今年はポニー、中間種、サラブレッドなど30数頭の参加ということだったが、7年前は50頭近くいた。馬運車のプレートを見ると、静岡県、愛知県と近隣の県ばかり。関東や関西からの参戦は少ないようだった。

「馬を手放したり、参加する余裕がなくなったり、コロナの影響は大きいです。特にサラブレッドの頭数が少ないんですよ。来年は聡子ちゃんもぜひ参加してください」

砂浜に設けられたコースでレース。

本杉氏の弁だ。もともと江川伸夫氏とも共同で馬を所有するほどの仲で、聡子氏のこともよく知っている。

午前中予選は10レース予定されていたが、実際には7レースしか行われなかった。特にサラブレッドは1レースだけで、予選も決勝も実質的に同じ馬の争いとなる。

馬の問題もあるが、乗り手の問題もありそうだった。うまく馬を乗りこなすジョッキーは少ない印象だ。7年前は翔馬のように騎手を目指す小学生や地方競馬の関係者などが騎乗していたが、そういった乗り手は今回は少ないように思えた。

帰り際、主賓で来ていた市長や市議会議長から「大会の顧問になってほしい」と要請されたので

「もちろんいいですよ」と返事をさせていただいた。ただ市のイベントなので市議会の承認が必要とのこと。後日、無事議会を通過したと連絡をもらった。

それでも各地の馬イベントが廃れていく中、これだけの規模の草競馬大会は全国屈指だろう。ロケーションといい、出店の数といい、草競馬だけでなくいろいろ楽しめる。もう少しイベントとして全国に知られれば、観客も増えるはずだ。観客が増えれば、再び腕を撫す馬達者たちが、参戦してくれるだろう。今後、顧問として微力ながら協力させていただこうと思っている。

石の上にも

1年後となる2024年4月のこと。草競馬大会前日、牧之原のお寿司屋さんでのことだった。

「初勝利、おめでとうございます」

小桧山厩舎の馬主、三岡陽氏が、2024年第1回福島競馬6日目第6レースに、所有馬のアベベで勝利。馬主になって7年、百何十回と出走を重ね、個人馬主としてようやく勝利を手にした。小桧山厩舎では勝たせてあげられなかったので、申し訳ない気持ちでいた。お祝いをいわせてもらった。

静岡県・牧之原のお寿司屋さんで。馬主初勝利を挙げた三岡夫妻、
さがら草競馬大会実行委員の本杉氏と。

草競馬大会の前祝いということで、本杉芳郎氏に誘われた食事会でのことだった。三岡氏の住居は静岡にあり、本杉氏とも旧知の間柄だったのでご夫妻で来ていた。

馬主の資格をもち、所有馬をレースに参加させても中央での初勝利となると容易なことではない。何年も勝てない個人馬主さんはたくさんいる。それでも続けていくことが何より大事。継続が勝利へとつながる。

明日の牧之原の草競馬も46回目となる。静岡や愛知の人たちが集まる近隣では大きなイベントだ。これも継続の結果だと思うが、当事者の本杉氏は別の思いももっていた。

「参加する馬の確保が年々難しくなっています。静岡や愛知で個人で馬をもっているような愛好家は少ない。オーナーの高齢化もあるし、物価高で飼料代その他が上がってしまったこともある。このままでは先細りするのが目に見えています」

確かに2023年は、往時に比べて少ない馬の数を見て、さみしい思いがした。いくら人が集まっても肝心のレースがイマイチではやがて離れていってしまう。

2024年はサラブレッド8頭、中間種9頭、ポニー25頭の計42頭が参加。前年は30頭あまりだったので、数は増えた。それでも往時の50頭には届かない。

中身も変わった。サラブレッドなどの軽種や中間種が中心だったのに、今はポニーが多数を占めている。もちろんポニーはポニーで子供の参加も可能で良いのだが、競馬としては迫力に欠ける。

2016年の頃は1レースに7〜8頭のサラブレッドが出場し、なかなかの迫力だった。乗り手も廃業となった地方競馬で乗っていた元騎手や調教助手などが参加しており、その点ではプロの競馬に近かった。それに比べるとスピードが足らず、もの足りないことは否定できない。

白砂青松

翌朝。見事なほどの晴天が、白砂青松のきれいなビーチを照らしていた。前年に来たときの挨拶で「自分は『晴れ男』なんで呼んでくれれば毎年晴れますよ」

といっていたので、偽りとならずによかった。

前年、参加したときに「顧問になってほしい」と大会実行委員会からいわれ、快諾した。市議会の承認も得て、2024年は、正式な形での初参加となる。

「イベントとして大事なことは、天気が良いこと、そして何より事故なく安全に1日を終えることです」

そう挨拶させてもらった。顧問として天気はなんとかなったので、あとは安全だ。

第1レースでヘルメットも被らず、サンダルで参加しようとしていた騎手がいたので、厳重注意の上、失格として出場を認めなかった。顧問としては当たり前の処置だが、早速仕事をした形になった。

好天に恵まれ、陸側の直線走路は、観客スペースにシートを敷いて思い思いに過ごす人たちであふれていた。レースではそれなりに歓声やらため息やらが聞こえる。出店もたくさん出て、地元の食べ物を食べられるようになっていた。主催者発表だが、毎年天気が良ければ1万人を超えるとのことなので、それぐらいは来場しているように思えた。

これだけ大々的に行われる砂浜競馬は日本で唯一だろう。世界ではアイルランドのダブリン近郊・レイタウンで年に1回、9月に行われるビーチ競馬が有名だ。草競馬ではなく、アイルランド競馬規則委員会の規定に基づく公式な競馬で馬券も発売される。それでも来場者は5000人程度ということなので、牧之原の方が数は多い。

まずは継続が肝要だ。4年後には記念となる第50回大会が来る。ぜひ50回目は往時のそれを再現できるような大会になるといい。微力ながら自分もアドバイザーとして関わらせてもらいたいと思っている。

初夏に響く鈴の音

祭りの起源

厩舎から繋ぎ場に現れた馬たちはいずれ劣らぬ巨漢ぞろい。横並びになると壮観だ。ブルトンやクライスデールなどの血が混じった重種たち。大きな和鞍をはじめ華やかな馬具や装束が用意され、厩舎スタッフがテキパキと馬装していく。途中、装束につけられたたくさんの鈴がシャンシャンと爽やかな音を奏でる。岩手の初夏を彩る伝統の祭り「チャグチャグ馬コ」に参加する馬たちの準備が整った。

ここに来たきっかけは、半年前に東京で行われたレセプション。「ルート・ドゥ・ポワソン」と呼ばれるフランスで開催された国際馬車競技大会の結果報告会だった。この大会にはチャグチャグ馬コのチームも参加しており、その縁で「6月のお祭りに参加しませんか?」と誘われていた。

チャグチャグ馬コはもともとは田植えが終わり農作業が一段落したところで、馬の無病息災と五穀豊穣を祈念して、「小荷駄装束」という独特の馬装を施した馬を連れて鬼越蒼前神社へお参りする風習が起源になっている。風習自体は江戸時代の中期にはあったという。

現代では、重種の馬たちを着飾って、鬼越蒼然神社を詣でたのち、盛岡八幡宮までの14キロを約5時間かけて練り歩く行事となっている。色とりどりの馬装を施された総勢60頭近くが1頭につき4〜5人の牽き手とともに、シャンシャンと鈴音も爽やかに行列する姿は岩手の夏の風物詩となっている。ちなみに「チャグチャグ」の名は、鈴の音に由来する。

盛岡八幡宮までパレードするようになったのは意外に新しく、1930年に秩父宮殿下が盛岡を訪れた際、同社の神前馬場で馬たちを閲覧したことに由来する。馬たちは、鬼越蒼前神社参拝の後、盛岡八幡宮に向かったことから、以後それが恒例となった。

主役はもちろん重種たち。彼らはかつて農耕の主力であった。昔は家の中に馬房がある「南部曲り家」という建築様式の民家が多かった。馬は同居する家族の一員として、愛情をもって大切に飼養された。

イベントとしては準主役もいる。それは乗り手の子供たち。馬をもつ親族や親戚、地域の子供たちなどが乗る。特に年齢が決まっているわけではないが、早い子は3歳から。絣の着物を着て編笠を被り、化粧を施した幼子の馬上姿はなんともいえず愛らしい。1978年には文化庁より無形民俗文化財にも指定されている。歴史と伝統に彩られた馬イベントなのだ。

日本の原風景

お祭りの前日、リハーサルがあるということで、厩舎の一つにお邪魔した。訪れたのは大坪厩舎。重種やポニーなど20頭近くの馬が飼養されている。オーナーの大坪昇氏はチャグチャグ馬コに関わること47年。近隣の馬関係の重鎮であり、祭りの代表世話役の一人である。御年85歳にはとても見えない矍鑠とした様子と力強い話ぶりが印象的だ。厩舎のスタッフたちにテキパキと指示を出していく。

馬装が終わり、お揃いの法被を着たスタッフたちに牽かれていく重種たち。厩舎から鬼越蒼前神社まで田んぼのあぜ道を進む姿はいにしえの風俗を今に伝える。一面に広がる田植え後の田んぼ、華やかな馬の行列、山の緑。絵に描いたような日本の原風景は「映える」ことこの上ない。

チャグチャグ馬コは日本の馬文化の中でもかなり規模が大きい方だが、それでも参加する馬の数は減っている。コロナ明けの２０２２年に再開したときは約50頭。往時は１００頭以上の参加があったという。

一行は鬼越蒼前神社へのお参りを済ませ、その後帰厩。馬装を解いた。本番前のリハーサルとしては、上々だった。明日の本番は他地区からも大勢馬が集まる。どんなパレードになるか楽しみだ。

早朝の風景

チャグチャグ馬コの取材で岩手県滝沢市に来ている。

滝沢市とは因縁がある。大学卒業間近で就職活動をしていたとき、現地の農協に就職しようと考えていた。たまたま知り合った人が農協のお偉いさんで就職を世話してくれるとのことだったからだ。馬に関して何かやっているところがいいと思い、チャグチャグ馬コの岩手県滝沢市を指名。パレードで馬が牽ければいいなと思っていた。

朝5時。前日お邪魔した大坪厩舎に行くと、牽き手の装束一式が用意されている。

「どうせなら参加してみませんか?」

と誘われていた。一も二もなく承諾。50年来の願いを果たすことができる。

「すいません、この頭絡、どうやってかけるんでしょうか?」

馬装中のスタッフから声が掛かる。装束もそろえてもらったし、ここは協力せざるを得ない。

その後車で10分ほど離れた南部曲り家の旧家に移動した。ここは大坪厩舎とは別グループの集合場所になっている。すでに10数頭の馬が集まって馬装が進んでいた。こちらは伝統的な装飾に加えて、リボンあり、フリルありで、デザインに意匠を施したものも多い。

子供たちは絣の着物に編笠。うっすら化粧もしている。可愛らしいことこの上ない。最も小さい子はわずか3歳。スタッフに聞くと、お母さんもおばあちゃんも同じ頃から乗り手として参加しているという。3代続く伝統の地域の祭りという感じだ。

一緒に行列する当歳のとねっこたちにも装飾が施されている。こちらも負けず劣らず可愛い。

「この仔馬、何歳なのかなあ?」

「2、3歳なんじゃないの?」

とねっこを見ながら話す法被姿の若い牽き手。思わず力が抜けた。

地域の祭りとはいえ、みんながみんな、「馬に興味があり、積極的に参加」というわけではないだろう。この手の会話もあちこちで耳に入る。馬についてまったく知らない若者も牽き手の中には結構いるようだ。伝統の力も少しずつ、衰えているのかもしれない。

行列の最中、馬の背で寝入ってしまった幼い乗り手。

行列は進む

午前7時半。曲り家を出て鬼越蒼前神社に向かう一行。撮影がてら一緒についていった。神社に到着。今日のパレードに参加する60頭近くの重種たちがきらびやかな装束に身を包み、次々と社殿に詣でていく。

多少うるさい馬もいないこともないが、ほとんどの馬が静かに立っている。重種たちは考えられないくらいおとなしい。サラブレッドでこれをやったらたちまち阿鼻叫喚の事態になる。シャンシャン鳴る鈴がついた装束など着せることができない。

馬の周りには観光客が群がり、カメラや携帯のシャッター音が響く。写真コンテストも同時開催なので、応募する愛好家も多いのだろう。子供たちも戸惑いながら笑顔で手をふっている。

午前9時半、行列が進み出した。盛岡八幡宮までは14キロ、約5時間の行程だ。街中に入ると沿道は人であふれていた。自分も装束を身につけての参加なので、風景には溶けこんでいるはず。

ふと気がつけば、隣を歩く馬の上で、小さな子がうつらうつらしている。きっと朝も早かったのだろう。危なかっしいので思わず足をつかんだ。本人はそれでも眠ったまま。馬の動きに連れて右に左に体が傾く。つかんでみて初めて気がついた。紐で体が鞍に結び付けられている。なるほど、正しい判断だ。

1時間ほどすると最初の休憩に入った。行列参加者はみんな水分補給。陽が高くなるにつれ、気温はぐんぐん上昇している。乗り手も交代。くだんの女の子もきっと他の子に変わったことだろう。

再開してさらに1時間半歩く。だんだん足が痛くなってきた。ふくらはぎはパンパン。普段からよく歩く方だが、それにしてもこの炎天下、コンクリートの道を2時間以上はきつい。写真もほぼ撮り終えたので、2回目の休憩所のところでリタイアして行列を離れた。

チャグチャグ馬コは日本の原風景を今に伝える素晴らしい馬事文化だ。岩手の初夏を彩る風物詩が末長く続くことを願っている。

初夏に響く鈴の音　2

玄関の「番馬」

２０２４年６月７日金曜日朝、盛岡市から隣の滝沢市へと車を走らせる。目的は「チャグチャグ馬コ」の取材。２０２３年も取材に訪れている。東日本では「相馬野馬追」と並ぶ一大馬祭事だ。毎年６月の第２土曜日に行われる。その日は本番の前日にあたっていた。

山あいの集落を進み、中型の馬運車が駐車している、一軒の御宅の前で車を止めた。

「ご苦労様です」

ガッチリした体格の人物が、声をかけてきた。馬運車の主で、馬を連れてきた岩間敬氏だ。遠野市を中心に馬耕（馬で田畑を耕す）・馬搬（馬で山から木を切り出す）の技術を後世に残すべく奮闘している人物だ。毎年、馬を連れてこのイベントに参加している。

岩間氏から、毎年懇意にしてもらっている家があるので、そこを取材してみませんか、と誘いを受けた。

玄関先に繋がれた重種。番犬ならぬ「番馬」。

前年は厩舎を取材したので、今年は家族で参加する人たちを追うのもおもしろいかも、と思い、見学させていただくことにした。

やってきたのは堰合（せきあい）さんのご一家。代々、チャグチャグ馬コに参加している。2024年も親、子、孫と3代に渡っての出場。当日は親戚一同が集まって、ここから馬を見送るのだそうだ。

岩間氏が連れてきたのは、芦毛のペルシュロン。堂々たる体躯に白い馬体がよく映える。馬房ではなく、玄関先に繋がれている様は、番犬ではなく「番馬」。暴れる気配は一切なく、落ち着いた様子でたたずんでいる。

一般に重種はサラブレッドなどの軽種に比べ、おとなしいものだが、それにしてもピクリともしない。自分もばんえい競馬などで多くの重種を見ているが、トップクラスの落ち着きようだ。これなら何十頭も馬が集まるイベントでもまず問題はない。

「どうぞ、あがってお茶でも飲んでいってください」

ご当主の誘いに遠慮なく家の中へと進んだ。部屋はこれから馬につける衣装や鈴などの小道具であふれかえっていた。きらびやかな衣装のせいか、部屋全体が輝いて見える。どれも手入れが行き届いている。何代にも渡って大切に保管されてきたことがわかる。

壁には各年代のチャグチャグ馬コの写真が飾られている。馬上には堰合家ゆかりの子供たちがいる。親から子へ、子から孫へ、馬上の主が変わり、伝統が引き継がれていく。地元の習俗に根付いた馬文化が家に残っているのがうれしい。

江戸時代の馬産地

馬文化の継承は容易ではない。かつては馬で農耕に勤しんだ、農村部の共同体のあり方も今はちがう。地元にも関わらず、祭りに関心のない家もあるという。

何より馬を集めるのが大変だ。昔は一家に一頭、必ず馬がいた。労働力の担い手である彼らを主役とする祭事は極めて自然なものだったはずだ。

堰合家のように馬は他地区から借り、装束と乗り手・引き手を自分たちが行うのは、一つの形だろう。一年に一度のイベントのためだけに馬を飼うのはあまりに負担が大きい。

伝統を守るための一つのポイントは子供たちだ。一度でも馬上で時を過ごせば、このお祭りが自分たちの家のものであることが実感できる。たとえ見学だけでも、自分が住む地域にこんな文化があることを知れば、誇りにも思えるだろう。

特に岩手は江戸時代は「南部駒」の産地として知られ、盛岡の馬市は約250年の伝統があった。その昔は「馬町」という町名まであったという。馬とは縁が深い地域でもある。盛岡競馬場があるのも故なきことではない。

用意された華やかな装束や白い重種を見つつ、明日のイベントに心躍らせ、堰合家を後にした。

ハレの日

夜も明けきらない早朝5時。堰合家に着くと、馬装を始めるところだった。人の出入りも激しく、せわしない様子だ。邪魔にならないよう、遠目にカメラを構えていたが、前日のごとく家の中へと通された。恐縮しながら居間に上がると、用意されていたのは食卓に所狭しと並べられた料理の数々。いかにもハレの日の朝食といった感じがする。勧められるままに箸を運び、地元の味を堪能させてもらった。

「取材のお礼に」と思い、祝い酒を差し入れした。前日に買っておいてよかった。

食事が終わり、本格的に馬装が始まる。一旦堰合家を辞し、前年お世話になった大坪厩舎へ向かった。このイベントに参加するグループの中でも主力を形成する厩舎の一つ。そこで装束を借りることになっていた。

きちんと撮影しようと思えば、中に入った方がいいものが撮れる。とはいえ、普通の格好でカメラを構えた者がパレードに混じっていては見学者からすれば興ざめだ。それもあってお願いしてあった。

馬装を終えた各地の馬は、鬼越蒼前神社に集まり、ここで安全を祈願してから隊列を組んで同社を出発する。今回の参加は、役員などが乗る馬も含め、全部で68頭。母馬についてきた仔馬は勘定に入っていないので、それも入れれば80頭近くになるはずだ。

聞けば、個人やグループではなく、滝沢市で2頭の馬を保有している。馬たちは住民票さえもっているのだそうだ。さすが地元の自治体だ。

実をいえば大学を卒業してどこに就職しようかと考えていた頃、滝沢市を受けようかと思った。もちろん理由はチャグチャグ馬コだ。世が世なら、自分が担当者として市の馬を管理していたかもしれない。

出発を前に、カメラを抱えた観光客が各馬の周りを取り囲む。フォトコンテストも同時に開催しているので、そのせいもあるだろう。

馬も馬だが、馬上にいる子供たちの表情を狙う人は多い。ほとんどが自分に近い世代。気持ちは非常にわかる。3歳から小学生ぐらいまでの子供たちが乗っているので孫の写真を撮るようなものだ。頭に笠を被り、絣の着物を着た彼らは、なんともいえず可愛い。着飾った馬と一体化して、このイベントのシンボルになっている。毎年のポスターは、ほぼ彼らのアップがメインだ。「馬コ」の「コ」は子供の「子」とさえ思える。

午前9時半。出発の時間になった。空を覆っていた雲は消え、いつの間にかピーカンになっている。風が吹いているので、前年ほどの暑さではないが、それでも心配だ。全行程14キロを最後までついていく自信はないので、無理せず適当に抜けさせてもらうつもりでいる。

背に子供を乗せ、独特の装束で街中を進む馬。

貴重なコンテンツ

前年はイベント終了の2週間後に役員を集めた反省会があり、それにも参加させていただいた。貴重な観光資源でもあるこのイベントをいかに存続させ、盛り上げていくか様々なアイデアが出た。

とはいえ、肝心要の馬を連れて参加する人たちへの手当てがあまりにも低いように感じた。部外者なので恐縮しつつ、その旨、発言させてもらった。

前年はクラウドファンディングなども使って資金調達を試みたようだが…。やはり個人の力に頼るには限界がある。馬事文化の振興も業務に掲げるＪＲＡや自治体など、公の組織の出番だろう。

観光のコンテンツと考えれば、まだまだ潜在力

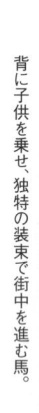

はあると思う。まして盛岡はここ近年、外国人インフルエンサーの影響で人気が高まり、2023年はニューヨーク・タイムズにもチャグチャグ馬コのことが掲載されたのだそうだ。

これに限らず、外国へも発信できるような馬祭事はまだまだあると思う。円安で外国人観光客がさらに増えつつある昨今、西洋にはない日本独自の馬文化はもっと注目されていい。そのためには、これを支える馬と人をいかに応援していくかは大きな課題だ。

引退後、土日、競馬場に行く必要がなくなったので、週末開催が多い馬祭事には参加しやすくなった。今までは遠慮しつつといった感じだったが、今や、大手を振って取材に行ける。自分のような者がこうして記事にすることで、少しでも彼らの手助けになるなら、継続していきたい。もう一度行きたい、あるいはまだ行っていない馬祭事は他にもある。引退しても、持て余すような暇は意外にない。

伝統と革新のはざまで

課題山積

法事で両親の墓がある宮城県に向かう途中、連絡があった。前年と同じく反省会をやるのでよかったら来てくれないか、という話だった。会場までは車で２００キロ。行って行けないこともない。

どんな話が出るか、聞いてみたい気もする。幸い法事以外の予定は入っていなかったので、仙台から岩手県滝沢市まで車を進めた。チャグチャグ馬コの件である。

会場に到着すると、30人近くの関係者が集まっていた。パレードでずっと一緒だったので、見知った顔ばかりだった。市長こそ来れなかったものの、主催する市側の人間も顔を揃えた。

様々な意見が出たが、課題を集約すると2つにしぼられるように思えた。資金不足と後継者不足である。

資金という意味では馬ごとに補助金が出る。とはいえ、馬を1年間飼養し、祭りのための装飾を施し、親戚一同総出で参加となるととても足りない。どうしてもボランティアとしての参加となる。昨今の厳しい経済状況の中、馬を手放す人も多く、なかなか馬が集まらない。

大手のスポンサーをつけ、衣装などにロゴを刺繍して入れるなどの話も出ている。あるいはクラウドファンディングでパレードに参加する権利を売り、牽き手や乗り手になってもらえば…という案もある。かたや、そういったことを行うことで、伝統が曲げられる事態を憂慮する意見もある。

後継者も課題だ。馬にまったく興味がない人が、おそらくはコミュニティーの圧力で無理無理参加させられているケースも少なくないだろう。子供のときに乗り手だったような人も、地区を離れたり、まったく興味がなくなったりということもありそうだ。伝統を支える力は年々衰えていく。

それでも観光事業としては岩手を代表するものの一つだろう。最近、盛岡とその周辺は海外でも有名だ。その点でもチャグチャグ馬コは日本伝統の馬祭りとしてまだまだアピールできる。

いろいろ話を聞きながら、自分も可能ならもう少し深く関わってみたいと思った。その旨を伝えると「ぜひ」といわれた。今後も何か展開があるかもしれない。

遠野市で行われた「草ばんば」の様子。

鞭無しレース

チャグチャグ馬コの反省会の次の日、1泊して関係者と、同じ岩手の遠野市に向かうことにした。「ついで」が「ついで」を呼んだかっこうだが、ネタはこうして集めておかないと週刊誌の連載は続かない。

その日遠野市では第45回東北馬力大会「馬の里遠野大会」が開催されることになっていた。いわゆる「草ばんば」である。重種が重りを乗せたソリを引く。

チャグチャグ馬コのときに同大会が久しぶりに行われることは聞いてはいたが、そのときは法事の方が確定していなかった。可能なら行ってみたいとは思っていた。

会場に到着すると重種たちが集まっていたが、その数はさほど多くはない。それでも近隣を中心にした草競馬の雰囲気が漂っており、規模感はちょうどいいように思えた。

レースは馬齢や積載量などによって異なり、全部で9レースが行われたが、いずれも1頭または2頭によるもの。帯広のばんえい競馬のようにソリに人が乗って動かすイメージだったが、手綱を引っ張って先導するスタイルだった。

拍子抜けしたものの、これには理由があった。

一番大きいのが鞭の使用である。鞭でたたいて重い荷物を運ばせることが動物虐待をイメージさせるということで禁止になっていた。

鞭を使わない馬のレースという点では革新的だが、伝統からは離れる。鞭の使用は競馬界でも物議を醸している話題だが、今後どうなっていくのか、なんともいえない。

チャグチャグ馬コと同じく、ここでも伝統と革新のはざまで呻吟する実態がある。

会場でブースを出展していた流鏑馬のチームに出会った。青森県十和田市の「桜流鏑馬」の人たちである。

青森で桜が開花する頃、桜の下で流鏑馬を披露する女性のチームだ。イベントは20年以上続いており、スポーツ流鏑馬の世界では有名。自分も話には聞いていた。

いつもの調子で気軽に話しかけると、馬話で盛り上がった。伝統の流鏑馬を「桜と女性」というコンセプトでイベントとして成功させている彼女たちの活動は、はざまで揺れる馬事文化の一つの解かもしれない。また一つ、見てみたい東北のイベントができてしまった。

和種の行く末

日本在来馬

2024年8月の最終週、長崎県の対馬に行った。週末土曜日にかの地で在来馬の一種、対州馬のシンポジウムがあり、その前日金曜日に研究者・関係者の総会及び交流会があるので出席してほしいとJRAの関係者から要請を受けた。

ところが、金曜日、飛行機のトラブルなどで現地にたどり着けず、対馬入りしたのは当日。交流会に出られなかったのは残念だが、シンポジウムで話は聞けるし、何より対州馬をこの目で見てみたかった。

馬好きとしては、和種馬にも興味がある。

日本在来馬(和種)は、現在8種が正式に登録されている。北から、北海道の道産馬、長野の木曽馬、愛媛の野間馬、長崎の対州馬、宮崎の御崎馬、鹿児島のトカラ馬、沖縄の宮古馬、与那国馬である。

若い頃、北海道で道産馬にはさんざん乗ってきたし、長野にある施設「木曽馬の里」で木曽馬も見てきた。

琉球競馬の取材の際に、宮古馬、与那国馬も見た。いずれは8種すべてを現地で見たいと思っていたので、今回の話は渡りに船だった。

なぜ日本在来馬が生まれたのだろうか?

大昔、石器時代や縄文・弥生時代は日本列島に馬はいなかった。古墳時代になって馬関連の埋葬品が含まれるようになったところから、早くても4世紀ごろに大陸から朝鮮半島を経由してもちこまれたと考えられている。やがて朝廷による支配が進むにつれ、各地で「牧」と呼ばれる繁殖地が設けられ、これが和種のルーツにつながったようだ。朝廷への献上を通して、奈良時代や平安時代は各産地の馬の交流もあったようだ。武家の世になると兵器としての馬は隠すべき存在となり、閉鎖性が強まった。地域によって独特の種が育ったのにはそんな背景がある。おそらく当時は8種どころか、地域地域に独自の馬がいた。ただ基本的に、大型の馬は軍馬に、小型の馬は農耕・荷駄用にと仕分けされたようだ。

明治期に入り、日露戦争を境に馬事改良・軍馬育成が促進されるようになり、大型の西洋種との交配が進み、和種は廃れていった。太平洋戦争を通し、一時は絶滅の危機に瀕したが、戦後、地域の有志の手により、戻し交配を含む保存・保護活動が行われ、今にその姿を伝えている。とはいえ、現存する和種は、道産馬約1000頭を除けば、いずれも200頭以下。対州馬にいたっては島内に46頭しかいない。

シンポジウム後の対州馬体験試乗会の様子。

共通の課題

土曜の午前中、シンポジウム開催。地元で対州馬の保存活動を行う獣医師・吉原知子氏の基調講演に続き、パネルディスカッションがあった。パネリストはいずれも見知った人たちだった。

一人は元JRAレジェンドジョッキー・岡部幸雄氏。グリーンチャンネルの番組では現地に赴き、和種馬の紹介も行っている。他に遺伝子による和種馬研究に取り組む競走馬理化学研究所の戸崎晃明氏、木曽馬保存会の中川剛氏など。それぞれの立場で和種馬について話をした。

現状は厳しい。そもそも馬の世話をする人、調教をする人がいない。いたとしても高齢化が進んでいる。次世代にうまく引き継げていない。ＪＲＡの関連団体などから補助金・助成金などが出ているが、お金も足りていない。有志による保存会などの団体が手弁当も厭わず保護活動を続けているのが現状だ。地域のコミュニティと連携し、乗馬などの利活用をみんな必死で模索している。

中でも対州馬は危機的状況にある。現存する46頭も20歳を超える高齢馬が多いという。繁殖も容易ではないだろう。対馬は平地が少なく、集落と集落は山で遮られており、交通手段としての馬は乗馬用、荷駄用とも昔は欠かせないものだった。頑健で蹄鉄を履かずとも険しい山道を進めたという。

また、その昔は主に女性が世話をすることが多く、人懐っこく、従順な性格が受け継がれてきたという。

シンポジウムの後、会場近くの公園で対州馬による体験試乗会が行われた。自分もここで初めて対州馬とのご対面となった。

子供たちを乗せた対州馬が引かれていく。体高１３０センチぐらいで、全体のバランスからするとやや頭が大きく、背は短い。いかにも頑健そうな小型の和種といった感じだ。おとなしそうな様子は確かに人懐っこく、従順な性格の表れかもしれない。

馬の背に揺られていく子供たちを見ながら、課題は多いものの、なんとか次世代に残せないものか、考えざるを得なかった。

草競馬でしか見られない幻のレース

道東の馬事競技大会

２０２３年9月9日、北海道は道東の別海町で行われた馬事競技大会を見た。大会そのものはコロナ明け初めてで4年ぶりとなるが、自分が見るのは25年ぶりのことだ。

昔は、息子たちもまだ中学生で、自分も知り合いの牧場で馬を借りて草競馬に出ていた。すでに調教師になっていたとはいえ、当時は攻め馬もしていた。馬乗りのプロがアマチュアライダーに混じって参戦というのもいかがなものかとは思ったが、息子とレースに出る機会もそうそうないので、馬場監視員のつもりで乗った。にもかかわらず、ある種、アクシデントで1位になってしまったことがある。周りからはたいそう顰蹙をかった。懐かしい思い出だ。

昔は騎手としての参加だったので、実はじっくりと他の馬事競技を見たことがない。

今回特に見たかったのは第10レースに組まれたトロッター繋駕２０００メートル戦である。寡聞にして真

北海道・別海町で行われた繋駕速歩競走。

相はわからないが、繋駕レース（正式には「繋駕速歩競走」）のある草競馬大会はおそらくここ別海だけだと思われる。貴重な馬事文化という点では「幻のレース」と呼んでもいい。

繋駕レースのため、馬、人、道具を揃えるのは極めて難しい。

馬はトロッター。体格的にはサラブレッドと変わらぬ軽種馬だが、名前の通り速歩専用の馬だ（速歩は英語で「トロット」という）。速歩と聞くと、歩くよりいくらか速い、人間でいうジョッギングのイメージだが、彼らのそれは違う。時速40キロの速歩が出せる。サラブレッドで平均時速が60キロ、草競馬でよく見る道産馬で40キロだから、いかに速いかがわかる。

トロッターに繋駕車という人が乗る二輪車がつく。金属のフレームだけで作られ、重量は軽そうだ。なお騎乗者はジョッキーではなく「ドライバー」と呼ばれる。ドライバーは繋駕車に乗って馬を操作する。トロッターといえどもちろんキャンターもギャロップもできるので、制御が必要。速歩以外の走り方をすれば、即失格だ。独特のテクニックがいる。地元でもドライバーになれる人は数少ない。

レースを見た。頭数こそ少なかったが、通常のレースとは違った迫力がある。大昔の映画で恐縮だが、「ベン・ハー」のチャリオット(馬による古代の戦車)レースを思い出した。フランスなどではサラブレッドによる平地競走が行われたはるか以前から盛んだった。繋駕レースはその流れを汲むものだろう。現代の日本では、いまやおいそれとはおがめない。貴重な馬事文化遺産だ。

JRAでの開催

実は繋駕速歩競走は55年前まで、JRAでも行われていた。当時は平地競走の騎手免許とは別に繋駕速歩競走に参戦するための免許があった。兼業する者も多かったという。

自分がJRAに入った頃にはすでにレースとしてはなくなっていたが、当時の調教師には繋駕レースの騎手あがりの先生たちが何人かいた。競馬解説者としてTVで活躍する大久保洋吉氏の父・大久保末吉氏や自分の高校の先輩だった元石孝昭氏は、現役時代、騎手兼繋駕速歩競走のドライバーとしてもならした調教師だった。

戦前は各地の競馬場で盛んに行われていたが、戦争が始まると「トロッターは軍馬に適さない」という軍部の命令によって生産が減少し、レースも一時衰退した。しかし戦後は主に関西で復活。競馬が再開した頃は馬の数がそろわず、特に関西で苦戦したため、平地競走の穴を埋めるべく、繋駕速歩競走が行われた。1960年代に入ると、馬の数がそろい、平地競走が盛んになると、人気に陰りが見え、廃止の方向に舵が切られた。

1968年12月、中京競馬場のダートコースで行われたのが馬券発売を伴う繋駕速歩競走の最後になった。以後は「愛馬の日」などにエキジビションレースとして行われる程度だ。

古代の馬事文化に続く貴重なレースだが、トロッターの生産は少ないし、調教する人も、ドライバーもわずかしか残っていない。日本で見られなくなる日もそう遠くないだろう。極めて惜しい気がするが、草競馬そのものさえどんどん減っている現状だから、致し方ないかもしれない。目の前で繰り広げられるレースを見ながら、そう思わざるを得なかった。

重種を御す技

合理的な訓練

2024年11月某日、車で新潟県・柏崎市へと向かった。目的はある講習会の見学である。到着すると会場には30人ほどの人がおり、見知った顔もいくつかあった。

「ご苦労様です」

人懐っこい笑顔で声をかけてくれたのは、一般社団法人・馬搬振興会の岩間敬氏。馬で木を運ぶ馬搬、畑を耕す馬耕などの第一人者。今日の講習会の主催者であり、自分に声をかけてくれた人物だ。

今日のテーマは馬車。ペルシュロンやクライスデールなどの重種を使って、馬車をどうコントロールするか？　インストラクターとしてフランスからプロの馭者《ぎょしゃ》(座席から馬を操作する人)を招いて、その技を学ぼう、というものだった。

最初は座学から始まった。重種の特徴からその扱い、馬具の使い方などが紹介される。

参加している人たちは単なる好事家などではない。実際に馬耕などで重種を扱ったり、チャグチャグ馬コなどお祭りなどで重種を扱う人たち。その世界のプロではある。

座学を終えると外に会場を移し、実際に馬を動かしながらの講習となった。馬は岩間氏や一部参加者が連れてきた。馬車は日本で馬車を扱う会社から本格的なものが準備された。

最初は馬を使わず、二人一組で、一人が馬役、一人が馭者役となる。馬役は目をつむり、片方の手に1本ずつ手綱を持つ。馭者役も2本の手綱を1本づつ持つ。馬役が前に進むと、馭者役が行かせたい方向へ手綱を引く。馬役は引かれた方へ向きを変える。これを役を替えて繰り返す。

遠目には怪しい宗教団体か何かの儀式に見えるが、非常に合理的な訓練だ。馬役はどれくらいの引かれ方をするとどの程度の信号が手に伝わるかわかるし、その感覚を意識しながら馭者役になったときに手綱を操作することができる。馬を使わずにこんな合理的な訓練ができるとは、さすがに本場の教え方は違う。

手綱の中心

手綱の持ち方の講習時に、インストラクターからこんな話が出た。

講習会の様子。馬車に乗り、馬を御す技を学ぶ参加者。

「片手で持つときは左手で手綱を持ちます。フランスでは、空いた右手は気に入ったご婦人に花束を渡すのに使います」

フレンチジョークを交えた話に笑いが起きる。この辺りの洒落っ気は、さすがフランス人といった感じだ。

手綱は、左手の親指と人差し指の間、中指と薬指の間に通して持つ。乗馬の手綱は薬指と小指の間に通すので、だいぶ感覚が違う。バランスからすれば手綱の真ん中を持たなければならない。実際に参加者が手綱を持つ様子を見ていると、どうも中心が取れていない感じがする。競馬の馬乗りは、鞭を振るうときは片手で馬を操作する。「ブリッジ」といって手綱を重ねて片手で持ち、常に支点となるハミの中心を感じている。自分にもその感覚は染み付いている。片手で重種につながった手綱を持たせてもらったが、慣れない持ち方に戸惑いはあったものの、中心は取れていたように思う。ただ、アマチュアには難しいように感じた。

それにしても参加者は熱心だ。フランス人インストラクターの話を一言一句聞き漏らすまいと耳を傾けている。今までいろいろな馬に関わる講習会を見てきたが、ここまで真剣な雰囲気は珍しい。インストラクターから逆に参加者へ質問することもあった。各々自分の意見をもってしっかりと答えている。意識が高い人たちの集まりであることがわかる。

馬車自体は戦前は交通の主力を担うものだった。日本でも数多のプロの馭者がいた。戦後、モータリゼーションの波の中で消え去り、職業自体も無くなった。なんとかその技を今に伝えようとする岩間氏たちの活動は意義深い。

馭者のことをＣｏａｃｈｍａｎともいう。Ｃｏａｃｈとは馬車が語源となった言葉なのだ。招聘されたプロ馭者の見事なコーチぶりで、充実した講習会となった。ますます重種をめぐる馬文化への興味がわいてきた。

新しい馬文化

騎射の技

快晴の空の下、桜並木にそって作られた走路を3頭の馬が次々と駆け抜ける。馬上には華麗な和装に身を包んだ女性ライダーたち。弓矢を構え、的に向けて次々と矢を放つ。的中のたびに観客から歓声が上がる。場所は青森県十和田市の中央公園。日時は2024年4月13日。満開の桜には今ひとつ早かったが、馬上に踊る女性たちの姿は、その名に恥じない美しさだった。第21回桜流鏑馬での一コマだ。

「来年はぜひ見に来てください」

2023年6月、岩手県遠野市で行われた草ばんばの大会で、ブースを出していた十和田乗馬倶楽部代表の上村鮎子さんにいわれた。

桜流鏑馬には以前から興味をもっていた。いろいろな流鏑馬イベントにいくと、よく聞く名前だったからだ。テレビや雑誌など、マスコミにもよく取り上げられていた。名前は知っていたのでブースののぼりを見て、自分から声をかけた。

　上村氏は、20年以上前からスポーツ流鏑馬の普及に取り組み、企画として女性だけの流鏑馬ユニット「桜組」をたちあげた。

　流鏑馬は神事として神社で行われることが多い。女人禁制として女性の参加が認められないケースも多かった。そんな中で上村氏らの取り組みが風穴をあけた。今年で21回目となる桜流鏑馬は、青森県十和田市の春の観光イベントとして定着している。

　その名の通り、桜の季節に合わせて行われる。２０２４年は桜前線の北上が暖冬による影響で早そうだというので、例年より開催を1週間早めたのだそうだ。残念ながら予想よりは早くならず、惜しくも満開の桜の下での開催とはならなかった。

　あくまで競技会なので騎射の的中をポイントで争う。直線の馬場にしつらえた第1から第3の的をめがけて馬上から矢を射る。当たればポイントとなるが、それだけではない。規定のタイムで走路を駆け抜ける必要がある。落馬はもちろんタイムオーバーも失権となる。

　参加者の技量によってクラスも異なる。個人戦は「初級」「中級」「上級」「プロ級」の4つに分かれていた。それぞれ規定タイムは同じではない。スピード感もそうだが、やはり騎乗者のフォームが違う。騎射につい

桜流鏑馬での女性ライダーの華やかな出で立ち。

てはよくわからないが、馬を走らせるときの安定感がクラスによって変わっている。騎座の安定は騎射の成否に直結するはずだ。

華やかな衣装に目を奪われがちだが、クラスによるフォームの差は明確だ。「プロ級」ともなるとフォームがきれいなだけでなく、一連の動作に淀みがない。それでもポイントに差は出る。プロといえど、技術の差はあるのだろう。

活躍する和種

馬と行う競技なだけに馬の違いもあるかもしれない。参加した20頭はいずれも和種。サラブレッドより体高が低く、日本人に合っている。ましてや小柄な日本女性との相性は良さそうだ。歴史を考えれば戦国武将たちも和種に乗って戦っていたわけだから、流鏑馬用の馬種としては軽種よりこちらがふさわしい。

ただ軽種に比べると、和種自体の生産頭数は少ない。道産馬や木曽馬が中心となるだろうが、それでもその中からスポーツ流鏑馬に合った個体となるとさらに難しい。参加した20頭は主催する十和田乗馬倶楽部から来ていたようだが、おそらく選りすぐりの馬たちだろう。同乗馬倶楽部には、流鏑馬に使うことを前提にした１００頭ほどの馬がいるという。

プロは一朝一夕には育たない。まずは底辺を広げるという意味で、初級クラスが重要だ。ビギナーのライダー向けにどれだけ使える馬を揃えられるか、が最初のポイント。宣伝活動によって興味を掻き立て、「おもしろそうだからやってみよう」と思う人を増やすことが次のポイントとなる。これらの点でも桜流鏑馬は今後も外せないものだろう。女性ライダーの華麗な姿は、きっと若い人を惹きつけるはずだ。

古式ゆかしい神事としての流鏑馬もいいが、こうしたスポーツとしての流鏑馬も新しい馬文化として定着してほしい。熱心な騎乗者、集まった観光客の姿にその思いを強くした。

古社の神事

参道で技を披露

新緑が眼にまぶしい快晴の京都。参道には屋台が立ち並び、境内は人であふれていた。

2024年5月5日。こどもの日の今日、京都・藤森(ふじのもり)神社では、毎年恒例の駈馬神事(かけうましんじ)が行われる。

前回駈馬神事を見に来たのは2016年。8年も前になる。藤森神社は、競走馬供養なども行われ、JRAとも関係が深く、その後も何度か訪れた。神事の関係者とも連絡を取り合い、拙著の写真集でも取り上げている。正直、時期がネックでなかなか来れなかったが、引退して時間ができ、今日の観戦となった。

藤森神社は1000年以上の伝統を誇る古社で、駈馬神事自体、奈良時代に皇族が東北の反乱をおさえる戦いで出陣式を行ったのが起源とされている。馬の脇腹に隠れて乗ったり、後ろ向きに乗ったりと、戦場で使われる様々な騎乗の技を参道の両側で見守る観客の前で披露する。

走路は直線200メートル弱。1ハロンに満たない距離を、技を披露しながらギャロップで駆け抜ける。馬は近くの乗馬クラブから来ているし、乗子と呼ばれる騎乗者は神社の氏子で、日常的に馬に乗っているわけでもない。ふだんから技の練習というわけにもいかず、年に一度祭りが近づいたときに乗るだけ。いわば、馬も人もアマチュア同士の組み合わせで、基本、当日の一発勝負なのだ。もちろん、できる限りの安全対策を施しながら挙行されるが、リスクは否定できない。

馬も人も命がけ。技術より度胸が先立つが、聞けば落馬はあっても、死亡事故や観客を巻きこむような重大事故は過去にないそうだ。

前年はゴールを過ぎても止まることができず、そのまま神殿に突っこんだ馬がいたとのこと。それでも馬も人も無事だったそうだ。

社務所の隣に馬が繋がれ、馬装が始まった。

硬い木製の和鞍に、「舌長鐙(したながあぶみ)」と呼ばれる、反り返した舌のような形の和鐙が基本となる。ただ、これらを結びつけているのは、革製のサドル(普通の西洋鞍)を改良したもの。和洋折衷といった感じだが、騎乗の最中、鞍がずれれば、事故につながるので安全対策という意味では致し方ない。

騎乗者は足下の足袋に藁ひもを巻き、水をかける。適度に乾燥するとしっかり締まる。これがラバーがわりになり、鐙との密着度も増す。古くからの知恵だ。

鐙をサドルに固定する作業の最中、1頭が嫌がって暴れ出した。尻っ跳ねをしたり、立ち上がろうとしたりする。なかなか馬装をさせない。自分も馬を取り巻く輪に入って、落ち着かせようと手を貸した。こんな調子で馬場に出して何か起きなければいいのだが…。

引退してから、青森・十和田の桜流鏑馬、静岡・牧之原の砂浜競馬と、2回とも天気は快晴、無事故で終了。今日も天気は晴れたので、ここでも無事故で、3連勝といきたい。

鳴り止まぬ拍手

神事が始まった。技の披露の前に何回か直線を素駆(すがけ)する。馬のウォーミングアップと同時に新人育成の場ともなる。

中学生ぐらいの若い乗子がやってきた。無事素駆を終えるとガッツポーズ。観客から拍手が起き、友だちから歓声が起きる。地元のヒーローといったイメージだ。

聞けば、ベテラン乗子の息子さんだそうだ。こうして親子で技が引き継がれていく。世代が繋がるのは素

京都・藤森神社の駈馬神事。大技「藤下がり」を披露。

晴らしいことだ。各地の馬イベントも、馬不足と世話役・乗り役の高齢化が問題になっている。次代を担う若者の存在は頼もしい。

素駆といえど初めて乗る者にとっては簡単ではない。恐怖心に打ち勝って短くせまい参道を疾走せねばならない。馬術を知る者だといろいろ考えてしまい、このシチュエーションではまずやらない。馬の本当の怖さを知らないからできるともいえる。この辺が神事の神事たる所以だろう。

馬上で文字を書いたり、刀をかざし、身を伏せて水平に乗ったりと、技が披露される。最後の締めは大技「藤下がり」。矢に当たったふりをして、逆さになって1本足で馬にぶら下がる。見るだけでも身がすくむ思いだが、度胸ひとつで成功させる。観客の拍手が鳴り止まない。

諸々の心配も杞憂で済んでくれた。今年もまた無事故で1日が終わった。天からの庇護を感じる。やはり神に守られた祭りなのだろう。今後も続いてほしい。

伝統の馬事競技

名刺の肩書き

引退後、やりたいことのひとつに馬事文化の研究がある。研究というと大げさだが、自分の視点であらためて各地の馬を使った神事や祭事、イベントを見学してみたい。

ここ10年の執筆活動で各地を訪れた。それでも、イベントごとは週末が多く、現役のうちは自由には行けなかった。今は時間は作れる。

岩手県の「チャグチャグ馬コ」を見に行ったのもその一環だ。取材では馬搬振興会代表の岩間敬氏に世話になった。重種がらみのイベントには岩間氏が絡んでいる場合が多く、なんやかや交流が多い。

「名刺、作りましたから」

チャグチャグ馬コが終わってから、連絡があり、ポンと名刺の束が送られてきた。名刺には「一般社団法人馬搬振興会顧問　小檜山悟」とある。

実は以前から顧問になってほしいといわれていたのだが、「引退してからにしてくれ」といって断っていた。岩間氏から逐一連絡が来るので同会の活動は把握しており、趣旨には賛同していた。

基本的には顧問という肩書きなので、必要があったときにアドバイスする形になる。お金が絡むわけではないので、その点では気楽にできる。本当に自分でいいかどうかはわからないが、「できることはやろう」と思い、引き受けることにした。

馬搬振興会の活動の中に「馬の貸し出し」がある。

馬イベントの主催者は使える馬・扱える人の不足にどこも悩んでいる。行事を続けたくてもそれを支える馬を近隣から募るのが昔と違って難しい。馬の仕事がほとんどなくなってしまった現在、趣味で馬を飼う人は稀だ。

岩間氏は岩手県遠野市で牧場を営んでおり、イベントに使える大人しくて悪さをしない馬を常時抱えている。貸し馬事業は東北の馬文化を支える、会の重要な活動だ。

そんな馬搬振興会の馬が、また東北の馬がらみの伝統行事に参加するというので、2024年8月2日、青森県八戸市に向かった。

ポロと打毬（だきゅう）

８月上旬、八戸市の長者山新羅神社の「桜の馬場」では「加賀美流騎馬打毬」が行われる。青森県の無形民俗文化財にも指定されている伝統行事だ。

馬に乗って先端にネットのついたスティックで自軍のボールを拾い、ノーバウンドで自軍のゴールを通過させれば得点となる。スティックは「毬杖（きゅうじょう）」、ボールは「毬（まり）」、ゴールは「毬門（きゅうもん）」と呼ばれる。

西洋式にいえば「ポロ」だが、ポロは騎乗してスティックでボールを打ち合うので微妙に異なる。しかし、ルーツは同じ。紀元前５〜６世紀に古代ペルシャで原型となる競技が行われ、それがヨーロッパではポロ、東アジアでは打毬になった。

日本では平安時代に盛んに行われたが、一度は途絶した。その後は、江戸時代に八代将軍徳川吉宗が奨励したため、改めて各地で普及した。ただ現在まで残っているのは、八戸を含め、３か所しかないといわれる。

毬杖の長さは２２５センチもある。騎乗する和種の体高は１４０センチ程度だから、それよりぐっと長い。槍を想定しているという。もともとは馬上における軍事訓練の一環として行われていたにちがいない。

青森県八戸市・長者山新羅神社で行われた「騎馬打毬」。

加賀美流騎馬打毬では、紅白の2軍に分かれ、1チームは通常は4騎。今回は使える馬が集まらず3騎だった。毬は4つで先に4毬ともゴールした方が勝ちとなる。これを3回繰り返し、最終勝者が決まる。

この地で開催されるようになったのは1827年のこと。八戸藩の藩主・南部信真が神社に奉納したのが始まりといわれる。

実際に試合の様子を見ると、それなりに迫力はあるものの、3騎対3騎はいかにも少ない。人はともかく、馬の訓練は十分ではないように見受けられる。聞けばコロナの期間中、馬のトレーニングが十分にできず、少なからず影響が出ているという。

現在は、八戸騎馬打毬会が保存・継承に尽力しているものの、前途はなかなか厳しそうな感じがした。3年後の2027年には200年の節目を迎える。なんとか無事続いてほしい。伝統の継承には好事家の熱意が欠かせないものの、それだけでは難しい。馬搬振興会としても貸し馬だけでなく、何か手助けできることはないか、考えている。

空飛ぶ卵

保存活動の新しい試み

窓を開けて車を走らせると高原の涼しい風が頬を撫でる。連日うだるような猛暑にさらされる首都圏とは大変な違いだ。車は長野県・木曽開田高原にある施設「木曽馬の里」へと向かっている。目的は、木曽馬の保存活動に力を入れている伊藤忍氏に会って、「新たな試み」について話を聞くことだった。伊藤氏は大学馬術部の後輩で、ＪＲＡの元職員でもある。

木曽馬は日本在来馬の一種で体高130センチほど。下顎が発達し、頭部が大きく見える。首差しは太く、腹回りはがっちりしている。性格はおとなしくて我慢強い。その昔は山間地での農作業や荷駄に使われた。今は、その温和で頑健な特徴を生かし、外乗や障害者乗馬に利用されている。

在来馬8種の中でも道産馬に次いで頭数は多い。全国で140頭ほど。とはいえ明治初期には約7000頭もいたというから往時には遠く及ばない。戦後の1946年には他の和種に先駆けて復元・保護育成活動が始まっている。140という頭数は、活動に尽力してきた人たちの努力の賜物である。現在、長野県の天然記念物にも指定されている。

だが、先々を考えるといかにも少ない。保存活動の中心は木曽馬の里だが、そこでも繁殖に使える牝馬の数が少なくなっており、なかなか頭数は増えていかないという。

そこで考えられたのが、人の手を加えて繁殖を補助する方法だ。

人工授精とは異なる。ドナーとなる繁殖牝馬の排卵を薬剤でコントロールし、木曽馬の種牡馬と自然交配させる。その後、処置に適した受精卵を取り出し、代理母となる別の牝馬に移植する。「受精卵移植」という方法だ。いわば、受精から出産までを人間がコントロールし、最も良好な体内環境で卵を育て、繁殖に結びつける試みだ。効率的な生産が期待できる。

言葉にすると簡単そうに思えるが、受精卵を提供する牝馬と代理母となる牝馬の発情周期を同期させるため、適切な時期に適切な量のホルモン剤を使わねばならず、技術がいる。受精卵を取り出し、代理母の子宮に着床させる際はカテーテルを使うのだが、これにも手技がいる。プロジェクトには知識と技術をもった帯広畜産大学の獣医学研究チームが関わっていた。

実際は、木曽馬の里にいる繁殖牝馬に排卵誘発剤などを投与し、排卵日をエコーで検査して確認した上

代理母を務めた道産馬の牝馬。長野県「木曽馬の里」にて。

で、同施設の種牡馬と交配。1週間後に受精卵を回収した。回収した受精卵は、北海道へと空輸。空を飛んだ受精卵は待ち受ける道産馬の牝馬の子宮へと移植された。

回収した受精卵は3個で、移植した道産馬の牝馬は2頭。2頭とも受胎し、出産したものの、健康な仔馬は1頭のみだった。2022年6月のことだ。

里帰り

成功を受けて、2022年7月に再度受精卵移植が試みられた。受精卵は木曽馬の里から帯広畜産大学へと運ばれ、道産馬の代理母へと移植。

無事、受胎した。８ヶ月後の２０２３年3月に当該道産馬の牝馬は同大学から「木曽馬の里」へと輸送され、同年6月に無事、牝馬を出産した。受精卵移植による仔馬としては3頭目となる。

里帰りといっていいのかどうかよくわからないが、いずれにせよ、木曽馬の繁殖に関する新しい試みだ。技術が確立されれば、保存活動における大きな一歩となることだろう。

もちろん伊藤氏も一連の作業に関わっており、次は木曽馬の里のチームだけでの成功を目指し、意欲満々だ。将来は凍結精液を使った人工授精にもチャレンジしたいという。

木曽馬で成功できれば、他の在来馬でも同じ手法が使えるはずだ。日本在来馬を守る上でも今回の試みは非常に重要だ。

繁殖には自然交配・自然分娩が一番かもしれないが、自然だけに頼るには在来馬の頭数が少なすぎる。人智を加えることで確率をあげ、命をつないでいかないと、種としては遠からず地上から姿を消す。在来馬は歴史と文化、風土を担って誕生したものだ。絶滅は馬文化の衰退を意味する。

伊藤氏たちのさらなる成功を願ってやまない。

終わりに

3月に引退しておよそ9ヶ月が過ぎた。暇な時間が続くと思いきや、毎日忙しく飛び回っているうちにあっという間に経過した印象だ。

今回上梓したこの本は「馬研究ノート」としては2冊目になる。間に引退をはさんでいる関係で、章をまたいで話が若干前後する箇所がある。加筆訂正だけではどうしても対処しきれなかった。多少なりともわかりやすくしようと、そういった箇所には「〇ページ参照」の一文を加えた。読者の皆さんに手間をとらせてたいへん恐縮だが、特殊な事情なのでご容赦いただけるとありがたい。

引退して身軽になった分、競馬だけでなく、馬事文化全体に関わることが多くなった。それでも「馬好き」「馬に関わる人が好き」の軸はまったくぶれていない。発表する場がある限り、執筆は継続したい。

取材に協力してくれたすべての人々、様々な情報を提供してくれた関係者に謝意を表したい。週刊Ｇａｌｌｏｐ編集部、編集協力のＳＨＩＧＳ代表・金子茂氏にも感謝したい。

令和6年12月茨城県龍ケ崎市の自宅にて

小檜山　悟

【著者略歴】
1954年生まれ。兵庫県西宮市出身。
1969年ナイジェリアの高校に留学し、2年後に帰国。
大学卒業後、牧場勤務を経て、1981年JRA調教助手。
1995年調教師免許取得。翌年厩舎開業。
2023年12月JRA理事長特別表彰受賞。2024年3月引退。
同年11月日本ウマ科学会功労賞受賞。
現在、馬事文化研究家として活動している。

装丁／修水
編集／SHIGS
表紙写真／小檜山 悟

私の馬研究ノートII
白駒の隙 –はっくのげき–
著者　小檜山 悟

2025年2月1日　第1刷　発行

発行人　山本正豊
発行所　株式会社ラトルズ
〒115-0055　東京都北区赤羽西4-52-6
電話 03-5901-0220(大代表)／FAX 03-5901-0221
URL　https://www.rutles.co.jp/

印刷・製本　株式会社ルナテック

ISBN978-4-89977-554-6